中国近代新闻学名著系列丛书

芮必峰◎主编

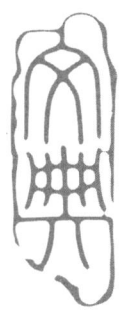

基础新闻学

—— 李公凡◎著 ——

中国传媒大学出版社

·北 京·

编 委 会

主　编　芮必峰

副主编　姜　红　刘　勇

编　委　贾　南　周　彤　张冰清　侯普曼

出版说明

本丛书整理再版了近代在中国用中文出版的经典新闻学著作，所涉及的图书既有专著、教材，也有译著，全面涵盖了新闻学理论、新闻业务、新闻史等领域，成书年份前后跨越40年。在这40年间，中国的新闻学科从无到有、从借鉴到创新，成就巨大。对这些著作的再次出版，为研究中国近代新闻学提供了珍贵的史料，绘制了中国近代新闻学的全景，度量了中国近代新闻学的厚度，填补了该领域空白，也为纪念中国新闻学诞生100周年献上了一份厚礼。

我们请中国人民大学新闻学院教授、博士生导师，广西大学新闻传播学院院长，教育部社会科学委员会委员兼新闻传播学科召集人郑保卫，及中国传媒大学传播研究院院长、教授、博士生导师，中央实施马克思主义理论研究和建设工程新闻学首席专家雷跃捷对本丛书的内容进行了审定，并根据专家的意见进行了修改。在此对两位专家所付出的辛勤劳动表示衷心感谢。

由于历史原因，本丛书中的个别图书存在一些问题，为保存历史原貌，为研究者提供一手的参考资料，影印时均基本保持其原貌，未作大的删改，希望读者结合当时的历史条件和历史环境，对其中的观点进行批判性借鉴。原书中存在一些错别字、漏字和排版错误，我们在影印时均未做改动，敬请读者注意。

由于原书出版年代久远，本丛书中的许多书籍难觅其踪，存世数量稀少，版权状况极其复杂。为了保证本丛书的学术性和完整性，我们将具有价值的图书先行选入其中，进行了抢救性发掘，力图保存中国新闻史珍贵的历史资料。版权所有人若有异议，请及时与我们联系。

为更好地体现中国近代新闻学的发展脉络，本丛书特别收录了欧美学者休曼的《实用新闻学》、斯蒂德的《新闻学的理论与实际》；日本学者松本君平的《新闻学》、后藤武男的《新闻纸研究》、杉村广太郎的《新闻概论》。当年这些书的出版对中国近代新闻学具有一定的借鉴意义。

本丛书为影印制作，成书清晰度由原书决定，由于出版年代久远，受当时生产力水平及制作方法限制，难免会存在一些缺陷，敬请读者谅解。

中国传媒大学出版社

总　序

如果从1903年商务印书馆编译出版日本人松本君平的《新闻学》算起，中国的新闻学已有115年历史[①]。如果从1918年北大新闻研究会建立，徐宝璜开办新闻学讲座算起，中国新闻学教育和研究迄今正好100年历史。我们搜集整理了清末至民国期间一些有代表性的新闻学书籍，希望借此重现早期中国近代新闻学的本来面貌，反映我国新闻学发展的历史脉络，我们认为，这对中国新闻学术、教育史研究以及中国近现代思想史研究都是很有意义的。

从1903年到1949年9月的40多年间，我国公开出版和内部印行的新闻学书籍，包括专著、教材、论文集、资料汇编、参考工具书等，约468种之多。[②]它们集中反映了我国新闻学的历史发展轨迹。然而，由于多种原因，这些书籍除了几本曾被重印出版外，大多已经是“只闻其名、难觅其踪”，这对我国新闻学研究不能不说是一个遗憾。

本丛书在梳理1903—1949年间出版的有代表性的新闻学书籍的基础上，精选了50部著作，校订注释，编纂再版，也算对这一遗憾的弥补。

从我们挑选的这50部新闻学书籍来看，中国早期新闻学的发展有三个鲜明的特点：

一、中国早期新闻学的发展与中国社会发展，尤其与国家民族利益息息相关

40多年间，中国新闻学从近乎空白到勃然而兴，这与中国社会的动荡、变

① 黄天鹏回顾新闻运动时说：“有清光绪二十八年，商务印书馆刊行《新闻学》一书，为我国人知有新闻学之始，原书为日人松本君平所著……”资料来源：黄天鹏．新闻运动之回顾［A］．黄天鹏．新闻学名论集［C］．上海：上海联合书店，1929．

② 林德海，等．中国新闻学书目大全1903—1987［M］．北京：新华出版社，1989．

革休戚相关。西方新闻学是现代化的产物，最早形成于19世纪末20世纪初。1901年，“新闻学”一词首见于中文报章[1]，但直到民国前夕，国人对于“新闻有学乎”尚存疑，认为报社就是新闻人才的“养成所”。至1912年上海报业俱进会以“吾国报业之不发达……其最大原因，则为无专门之人才”[2]为由，号召组织报业学堂，培养报业专门人才。不难看出，此时新闻界亦将新闻学视为办报之“技”。至1918年邵飘萍为徐宝璜《新闻学》作序仍“窃叹我国新闻界人才之寥落，良由无人以新闻为一学科而研究之者”[3]。黄天鹏把1903年至1918年新闻学研究会建立之前的十余年视为中国新闻学的启蒙期。[4]

1918年，随着以启蒙为目标的新文化运动愈演愈烈，新思潮涌入国门，“新学”“西学”站在旧传统的对立面被学界关注，新闻学思想也不例外。作为公学之首和新文化运动中心的北京大学率先开办新闻学研究会，力证了“新闻学”存在的正当性；徐宝璜《新闻学》一书问世，成为中国新闻学理论的奠基之作。新闻学教育兴起，新闻学研究著作渐盛，待到北伐前夕，中国新闻学从学理上和实践上俱已建立起来。

新文化运动后期，马克思主义传入中国，资本主义文明逐渐“祛魅”。之后的大萧条使得西方国家的痼疾暴露无遗，曾经“理想之彼方”的西方报业也难以幸免。在这一时代背景下，如何建立“吾国之报业”成为新闻学研究的热点，围绕这一热点，一方面，关于中外新闻理论、新闻事业、新闻业务的著作日益涌现；另一方面，军阀对于激进言论的暴力摧残，又引发了新闻人对于言论自由的论争。20世纪20年代的中国新闻学呈现百家争鸣之势。

“在这言论自由纷争之际，也有若干论调，认为新闻纸不过是一种政治宣传的工具，在新闻学方面也唱过所谓社会主义的新闻理论，不过这种论调没有完成，当头的国难已把这种理论粉碎。”[5]“九一八”事变后，面对空前的民族危机，“国家至上、民族至上”成为国论，报业成为勾连与动员社会的渠道和网络，

① 梁启超．本馆第一百册祝辞并论报馆之责任及本馆之经历［J］．清议报，1901（100）：1–8．

② 戈公振．中国报学史［M］．上海：上海书店，1989：278．

③ 徐宝璜．新闻学［M］．长春：时代文艺出版社，2009：7．

④ 黄天鹏．四十年来中国新闻学之演进［M］//龙伟，任羽中，王晓安，何林，吴浩．民国新闻教育史料选辑．北京：北京大学出版社，2010：149．（以下征引本书时，一律简注为《民国新闻教育史料选辑》。）黄天鹏在此文中提出他对于1903年到战事结束的40余年间中国新闻学发展阶段的划分，原载《中国新闻学会年刊》第1期，1942年9月。

⑤ 黄天鹏．四十年来中国新闻学之演进［M］//民国新闻教育史料选辑．北京：北京大学出版社，2010：161．

致力于推动“舆论统一”。直到全面抗战中期之前，以战争宣传动员为主要研究目标的“战时新闻学”都是新闻学研究的热点。

1943—1949年中华人民共和国成立前夕，随着战争形势的转变，抗日战争已现胜利的曙光，中国新闻学人开始构想新闻业的未来。萨空了①于1943年开始着手书写《科学的新闻学概论》，旨在提醒新闻人应“鉴于美英的前车”②，避免报纸“为大财阀资本家所独占”③，“积极地设法使报纸成为大多数民众自己的相互报道消息、提供意见的工具”④。

二、中国新闻学是“西学东渐”的产物，中国早期新闻学人大多具备西学背景

“西学东渐”的内在精神是中体西用。在“用”的招牌下，西学大量涌入。中国新闻学直接引自日本和美国。首先，中国最早的新闻学译著分别为1903年商务印书馆编辑出版的松本君平的《新闻学》和1913年美国记者休曼著、史青编译的《实用新闻学》。前者成为中国新闻学的开端，而后者作为美国第一本新闻教育著作，“提供采访编辑各种实际问题的解决方案”⑤，也奠定了中国新闻人对于新闻教育之作用的基本构想。

早期中国新闻学人大多具备留美留日的求学背景。徐宝璜曾于美国密歇根大学修习经济学与新闻学，其《新闻学》(1919)的参考文献包括在美国出版的图书23种、在英国出版的图书7种，印证了时任北大校长蔡元培所言，“新闻学之取资，以美为最便矣”⑥。任白涛求学日本早稻田大学政治经济学系时，加入了《朝日新闻》名记者杉村楚人冠等筹建的“大日本新闻学会”⑦，《应用新闻学》

① 萨空了(1907—1988)四川成都人，蒙古族，笔名了了、艾秋飚，记者、主编、新闻学家。1927年任《北京晚报》《世界日报》编辑记者、《世界画报》总编辑。曾任教民国学院新闻系、北京新闻专科学校。1935年任上海《立报》副刊主编、总编辑兼经理。中华人民共和国成立后任中央人民政府新闻总署副署长兼新闻摄影局局长、出版总署副署长、全国政协副秘书长兼《人民政协报》总编辑等职。负责主编《中国大百科全书·新闻出版》卷，著有《科学的新闻学概论》《科学的艺术概论》《宣传心理研究》等。

② 萨空了. 科学的新闻学概论[M]. 香港：文化供应社，1946：36.

③ 萨空了. 科学的新闻学概论[M]. 香港：文化供应社，1946：36.

④ 萨空了. 科学的新闻学概论[M]. 香港：文化供应社，1946：36.

⑤ 黄天鹏. 四十年来中国新闻学之演进[M]//龙伟，任羽中，王晓安，何林，吴浩. 民国新闻教育史料选辑，北京：北京大学出版社，2010：157.

⑥ 邓绍根. 中国新闻学的筚路蓝缕：北京大学新闻学研究会[M]. 北京：清华大学出版社，2015：228.

⑦ 1915年《朝日新闻》的杉村楚人冠等在庆应义塾大学创办“新闻研究会”并讲授课程，后根据该讲义出版了《最近新闻纸学》(1918)。其时，杉村楚人冠还兼任“大日本新闻学会”的筹建者与学会新闻讲座讲师。

（1922）正是仿照杉村楚人冠《最近新闻纸学》一书体例所做。[①]邵飘萍的《实际应用新闻学》（1923）亦参考了《最近新闻纸学》。[②]杉村楚人冠深受美、德新闻思想熏陶，美、日、德的新闻思想因故才传到中国。

事实上，正是留美、留日学生群体的新闻学著述构建起了中国早期新闻学的基本框架。仅本丛书所涉国内著（编）者30人中，剔除资料不详者3人，有留学经历者共计15人。其中留美5人：徐宝璜、伍超、赵敏恒[③]、戈公振[④]、曹用先[⑤]；留日8人：吴定九[⑥]、邵飘萍、黄天鹏、任白涛、张友渔[⑦]、谢六逸、袁殊[⑧]、王文萱[⑨]；

① 周光明．近代新闻史论稿［M］．北京：社会科学文献出版社，2014：276.

② 方晓红．中国新闻简史［M］．南京：南京师范大学出版社，1996：122.

③ 赵敏恒（1904—1961），记者、新闻学教授。早年就读于清华大学，1923年起先后于美国科罗拉多大学文学院、密苏里大学新闻学院、哥伦比亚大学新闻学院攻读英国文学和新闻学，并获新闻学硕士学位。1925年起在纽约环球通讯社当编辑。1927年回国，在国民政府外交部情报处短暂工作后加入路透社。1945年10月任《新闻报》总编，兼任复旦大学新闻学教授。

④ 留学两个及两个以上国家的，按其留学的第一个国家计。

⑤ 曹用先，女，宁波人，天津南开大学社会科毕业。1926年与未婚夫查良鉴自南开大学毕业后，同赴密歇根大学留学，1930年在该校安娜堡完婚。硕士毕业后回国，曾就职于上海商务印书馆编辑所并任教于大夏大学，1949年与查赴台，1951年4月病逝于台湾。

⑥ 吴定九（1890—1930），名鼎，字定九，嘉定人。著名报人，《京报》元勋之一，著有《新闻事业经营法》。公派赴日本名古屋学习土木工程时，与在东京政法学校读书的邵飘萍成为密友。1923年9月，私立北京平民大学设立报学系，时任京报社经理的吴定九担任教授并讲授专业课程“新闻经营法”。

⑦ 张友渔（1898—1992），原名张象鼎，字友彝，又名张忧虞，山西灵石人。法学家、政治学家、新闻学家。先后求学于山西第一师范学校，国立北平法政大学法律系。1927年任《国民晚报》社长兼总编辑。同年加入中国共产党，任中共北平市委委员兼秘书长。1930年赴日留学。“九一八”事变后回国任《世界日报》主笔及燕京大学、中国大学、民国大学、中法大学、北平大学法商学院教授，讲授宪法学、劳动法学、新闻学和日本问题。1943年起在重庆任中共南方局文委秘书长、《新华日报》社论委员会委员、中共重庆工作委员会候补委员兼政策研究室副主任、《新华日报》代总编辑等职。

⑧ 袁殊（1911—1987），中共谍报人员、记者、新闻学者。早年赴日攻读新闻学、东洋史。曾创办上海自修大学并设新闻专科。1931年3月创办的《文艺新闻》，最早揭露了左联五烈士被害的消息。1932年任新声通讯社记者，经潘汉年引介加入共产党。1942年卧底敌伪报纸《新中国报》，1945年10月转移到苏北解放区；1949年调入中央情报部门。著《记者道》《学校新闻讲话》《新闻大王赫斯特》等书；译《新闻法制论》等。

⑨ 王文萱，曾留学日本，1930年5月翻译杉村广太郎的《新闻概论》。1942年国立社会教育学院新闻系成立，王文萱在该系教授新闻业务课程。1947年年初，李宗仁授意萧一山在北平创办《经世日报》作为喉舌，任命王文萱、蓝文澄两位教授为主笔。

旅欧2人为胡愈之和储玉坤[①]（详情见表）。这些涉足新闻学研究的归国留学生兼容并蓄，汲取美、日、德等国新闻理论和马克思主义新闻思想的精华，进行本土化改良，亦从侧面反映出中国新闻学的理论来源。

三、中国早期新闻学人往往兼新闻实践、新闻教育、新闻研究于一身

1918年，北京大学新闻学研究会成立，徐宝璜负责讲授新闻学知识。他结合自身从业经验，参考欧美新闻学书目，形成课程讲义；再结合讲课心得，不断完善新闻学理论。1919年，国人自撰的第一本新闻学专著《新闻学》最终成书。徐在自序中细陈写书修书之过程："新闻学乃近世青年学问之一种，尚在发育时期。余对于斯学，虽曾稍事涉猎，然并无系统之研究。客岁蔡校长设立新闻学研究会，命余主任其事，并兼任导师。余乃于暑假中，正式加以研究，就所得著《新闻学大意》一篇，以为开会后讲演之用。……开会后，余继续研究，加以会员之质疑问难，时有心得，遂将原稿加以修改，成第二次之稿……"[②]显然，"曾稍事涉猎"指其曾经担任《晨报》主笔的工作经历。早期中国新闻学人兼具从业经验和新闻学教学经验者多会总结实践经验、丰富新闻理论、著书立说、传道授业，这种情况并不鲜见。

从早期新闻学著作的作者（编者）身份来看：本丛书涉及国内著（编）者30人，除李公凡、刘元钊和鲁风三人身份不详，仅蒋国珍[③]、项士元[④]二人没有明确的新闻从业经验。而在这25人中，更有20人兼具从业经历与从教经历。新闻学人大多具有新闻从业经历，学术研究、传承活动与新闻实践密不可分（详

---

① 储玉坤，1912年生，江苏宜兴人，笔名雨君、储华。1937年中央政治学校大学部新闻学及国际政治专业毕业。1938年1月任《文汇报》编辑兼社论撰述者；1938年5月担任《文汇报》法国哈瓦斯分社编辑；抗战胜利后，任《文汇报》总主笔。1946年5月转任《申报》主笔和法国新闻社远东分社中文部主任，兼任中国新闻专科学校教务长和沪江大学新闻系教授。著有《现代新闻学概论》《第二次世界大战史》《美国经济》。

② 邓绍根，中国新闻学的筚路蓝缕［M］. 北京：清华大学出版社，2015：244.

③ 蒋国珍出生于1896年，江苏溧阳人，做过学生运动领袖、国民党党员、教育工作者、政府职员、银行经理。曾加入上海学生运动，代表上海全国各界联合会、全国学生联合会、上海各界联合会、学生联合会四团体发声。虞文俊认为其传世的《中国新闻发达史》翻译自日本人伊藤武雄的《中国新闻发达史》，即蒋国珍应为此书的译者而非著者。

④ 项士元（1887—1959），佛教居士、学者。原名元勋，号慈圆，又号石槎。浙江临海人，通日、英、德、梵、俄文，一生佛学著作等身。25岁毕业于杭州府中学堂，后办私立小学和赤城初级师范，兼任各校教师；捐资并赠书创办了临海图书馆。项士元长期辗转江浙等地从事教育、新闻和史志方面的研究工作。中华人民共和国成立后主持台州文管会，任浙江省文史馆馆员。所著《浙江新闻史》是中国最早的新闻史之一。

见表1[①])。

从新闻学著作本身来看，许多民国新闻学书籍正是新闻实践和新闻教育的直接产物：国人自撰的第一部新闻采访学专著——《实际应用新闻学》根据邵飘萍在北京大学新闻学研究会和平民大学新闻系的讲稿所著，《新闻学总论》一书则根据邵氏国立政法大学的新闻学讲义整理而成；周孝庵[②]根据自己在复旦大学的新闻学讲义编著了《最新实验新闻学》；郭步陶[③]的《本国新闻事业》是上海市私立申报新闻函授学校讲义之十一；而《新闻学的基础知识》本就是中美日报读讯会[④]为新闻学自修者所出版的教材《实用新闻学讲义》之一；储玉坤的《现代新闻学概论》则是专门为大学新闻理论教科书而编写的（详见表2）。

正是由于早期新闻学人兼新闻实践、新闻教育、新闻研究于一身，才能为理论教学与著述提供最鲜活的案例，促使新闻实践经验迅速融入新闻学理论研究。这是近代中国新闻学迅速发展的重要因素，对于当今的新闻学研究、新闻学教育工作也有重要启示。

本丛书编委会邀请相关领域资深专家进行研讨，认真甄选了书目，仔细进行了版本比较和甄别，从而保证了本丛书较高的学术权威性。

由于历史的局限，民国新闻学书籍的不足是明显的，如学术理论不成熟、部分话语和话题打上了深深的时代烙印等；又因书中涉及的新闻稿件写作于特定历史环境和历史年代，其表达方式不严谨亦不可避免。盖所选书目皆是历史文献，我们在审校中尽量保持其历史原貌，不做大的删改；对极个别对马克思

---

① 李秀云．留学生与中国新闻学［M］．天津：南开大学出版社，2009：239-251．本书中李秀云整理了民国期间从事新闻学研究的留学生44人，并分析其留学国别构成、专业构成、新闻实践经历、从教经历等。

② 周孝庵（1900—1973），佛教学者、律师、报人。松江府人。毕业于江苏省立第一商业学校。历任上海时事新报馆记者、编辑、主编，著《最新实验新闻学》。1928年秋被复旦大学聘为新闻学教授。曾于上海法政大学获法学学士学位，1930年兼律师。1932年主编上海《新闻报》“法律质疑”栏目、编著了《法律质疑汇编》。上海沦陷后，曾氏关闭了律师事务所，潜心佛学研究。

③ 郭步陶（1879—1962），原名成爽，后改名惜，字步陶。四川隆昌人。名记者、新闻研究者。1911—1917年任《申报》编辑，1917年任《新闻报》编辑主任、主笔。1930年任教于复旦大学新闻系。上海沦陷后赴香港，任职于《申报》（香港）、《星岛日报》；1939年创建中国新闻学院（香港）并任院长。抗战胜利后回沪任教于复旦大学、新中国学院。

④ 《中美日报》是“孤岛”时期的国民党报纸，为躲避日伪新闻检查，在美商罗斯福出版公司招牌下运作，副刊有《集纳》《堡垒》等。1938年11月创刊，1941年12月停刊，1945年8月复刊，次年4月终刊。总编先后为杨勋民、查修、詹文浒，总主笔周宪文，执笔者有储玉坤、章丹枫等。胡道静曾任英文编辑。报社读讯会为自修新闻学的读者出版了《实用新闻学讲义》，共计10种，对编辑术、采访术、评论作法、新闻写作、新闻学史、剪报工作等都有专篇论述。

主义、共产党等的不适当叙述已进行了删除处理。

本丛书规模较大，从策划项目、搜集资料、校订编纂到审稿成书，历时两年有余。这50本书可能并非本本经典，其中有些内容亦有重复、雷同之处，但瑕不掩瑜，它们对于研究中国新闻学功不可没，作为新闻史资料极具研究价值。感谢中国传媒大学出版社和安徽大学新闻传播学院诸位老师的辛勤付出，也希望读者在本丛书中能读出更丰富的内容，获得启发并更深入地思考。

丛书主编　芮必峰

2018年5月7日

附表：

表1　著者受教育、从业、从教及著述情况列表

序号	姓名	是否留学及留学国家	从业经历	从教经历	著作
1	徐宝璜	美国密歇根大学，经济学、新闻学	北京《晨报》主笔	北京大学新闻学研究会、北京平民大学新闻系	《新闻学》《新闻事业》
2	戈公振	1927年赴美国、日本考察新闻事业	首创《图画时报》、“上海新闻记者联合会”会长、《申报》总管理处设计处主任兼《申报星期画刊》主编	上海南方大学新闻系、上海国民大学新闻系、复旦大学新闻系、上海沪江大学商学院、上海民治新闻学院	《新闻学撮要》《中国报学史》《新闻学》
3	邵飘萍	东京政法学校	《汉民日报》主编、《时事新报》《申报》《时报》主笔、创办“北京新闻编译社”、《京报》社长	北京大学新闻学研究会、北京平民大学新闻系、国立法政大学	《实际应用新闻学》《新闻学总论》
4	吴定九	日本名古屋工业专门学校土木工程	主持《京报》	北京平民大学新闻系、国立法政大学	《新闻事业经营法》
5	谢六逸	日本早稻田大学东洋文学史	《立报》文艺副刊《言林》主编、《国民周刊》《趣味》周刊主编	复旦大学新闻系、申报新闻函授学校、国立社会教育学院新闻系、暨南大学新闻系、大夏大学新闻系	《实用新闻学》《国外新闻事业》《新闻储藏研究》
6	黄天鹏	日本早稻田大学新闻系硕士	在北平创刊《新闻学刊》并担任主编	复旦大学新闻系、上海沪江大学商学院新闻学科	《新闻文学概论》《中国新闻事业》《新闻学入门》《新闻学概要》
7	赵敏恒	美国科罗拉多大学文学院、密苏里大学新闻学院、哥伦比亚大学新闻学院攻读英国文学和新闻学，并获新闻学硕士学位	纽约环球通讯社编辑，后加入路透社。“九一八”事变后为美国国际新闻社、伦敦《每日电讯报》《朝日新闻》等供稿。1945年10月任《新闻报》总编辑	复旦大学新闻系、中央政治学校新闻系、暨南大学新闻系	《外人在华的新闻事业》

续表

序号	姓名	是否留学及留学国家	从业经历	从教经历	著作
8	周孝庵	无	历任上海时事新报馆记者、编辑、主编；主编《上海新闻报》"法律质疑"栏目	复旦大学新闻系、新闻大学函授科	《最新实验新闻学》
9	张友渔	1930年、1932年、1935年多次赴日学习新闻学、考察日本新闻事业	《世界日报》编辑、《大同晚报》总编辑、《国民晚报》社长、《泰晤士报》总编辑、《新华日报》社论委员	燕京大学新闻系、北平民国学院新闻系	《新闻之理论与现象》《日本新闻发达史》
10	袁殊	日本新闻专科学校、早稻田大学历史系	创办《文艺新闻》《译报》、新声通讯社记者	上海自修大学新闻专科	《记者道》《学校新闻讲话》《新闻大王赫斯特》《新闻法制论》(译)
11	胡愈之	1928年法国巴黎大学攻读国际法	《东方杂志》编辑、创办《公理日报》、哈瓦斯通讯社远东分社中文部编辑主任、主编新加坡《南洋商报》		《胡愈之出版文集》
12	储玉坤	留法	《新闻报》编辑、《文汇报》编辑、法国哈瓦斯通讯社中国分社编辑、《文汇报》总主笔、《申报》主笔、法国新闻社远东分社中文部主任	中国新闻专科学校、沪江大学新闻系、之江大学新闻系、致用大学新闻学系	《现代新闻学概论》
13	任白涛	日本早稻田大学政治经济学	创办中国新闻学社、《新湖北日报》总编辑		《应用新闻学》《综合新闻学》
14	曹用先	美国密歇根大学①	上海商务印书馆编辑所②	大夏大学③	《新闻学》

① 毛彦文. 往事［M］. 北京：商务印书馆，2012：28.

② 雪林. 一段值得介绍的婚姻（红藏·生活·第四卷第三十八期）［M］. 湘潭：湘潭大学出版社，2014：435-437.

③ 毛彦文. 往事［M］. 北京：商务印书馆，2012：28.

续表

序号	姓名	是否留学及留学国家	从业经历	从教经历	著作
15	王文萱	留日[①]	《经世日报》[②]	国立社会教育学院新闻系[③]	《新闻概论》（译）
16	伍超	留美“攻读新闻科”[④]			《新闻学大纲》
17	郭步陶	无	《申报》编辑、《新闻报》编辑主任兼主笔、《申报》（香港）、《星岛日报》编辑	复旦大学新闻系、《申报》新闻函授学校、中国新闻学院（香港）、新中国学院	《本国新闻事业》
18	任毕明[⑤]	无	《民国日报》《时报》《快报》主笔、《大众日报》总编辑	香港中华新闻学院	《战时新闻学》《评论学十讲》
19	赵君豪[⑥]	无	《申报》副总编辑	上海商学院新闻专修科、复旦大学新闻系、上海法政学院新闻专修科	《中国近代之报业》《上海报人的奋斗》

① 杉村广太郎．新闻概论·黄序［M］．王文萱，译．上海：联合书店，1930．

② 冯国定．忆萧一山先生［M］//中国人民政治协商会议北京市委员会文史资料研究委员会文史资料选编（第43辑），北京：北京出版社，1992：104．

③ 苏州大学社会教育学院．峥嵘岁月（第三集）［M］．北京、上海、南京、苏州校会．1991：229．

④ 伍超．新闻学大纲·自序［M］．上海：商务印书馆，1925．

⑤ 任毕明，原名任大任，生于1904年，广东鹤山人。1925年在广西梧州创办《民国日报》，曾任《时报》《快报》主笔，主持过香港的《大众日报》。参与创办香港中华新闻学院，并任教。著作有《龙虎集》《风云集》《社会大学》《新社会大学》《战时新闻学》和《评论学十讲》等。

⑥ 赵君豪（1900—？）江苏兴化人。报人。“五四时期”求学于上海交通大学，经常给著名的《民国日报》副刊《觉悟》投稿，并与时任《觉悟》编辑的邵力子讨论种种社会改造问题。毕业后进入《申报》馆工作，抗战后任《申报》副总编辑。1929、1942年两度兼任复旦大学新闻系编辑教授；1930年兼任上海法政学院新闻专修科教授，讲授采访学；曾任《申报》新闻函授学校教授。1944年10月在重庆出版《上海报人的奋斗》。

续表

序号	姓名	是否留学及留学国家	从业经历	从教经历	著作
20	杜绍文①	无	杭州《民国日报》国际版编辑、《东南日报》《前线日报》主笔兼《新闻战线》周刊主编、《东南日报》总编辑、《文汇报》办公室主任	复旦大学新闻系	《新闻政策》《中国报人之路》《战时报学讲话》《国际新闻纵横谈》
21	胡道静②	无	《万有文库》编辑、上海通志馆编修、《通报》《中美日报》《大晚报》等报记者、编辑、撰稿人	上海法政学院新闻专修科	《上海新闻事业之史的发展》
22	张静庐	无	创办上海杂志公司并出任总经理		《中国的新闻记者与新闻纸》《中国近代出版史料》《中国现代出版史料》《中国出版史料》《在出版界二十年》
23	萨空了	无	《北京晚报》编辑记者、《世界日报》画刊编辑、《世界画报》总编辑、天津《大公报》艺术半月刊主编	民国学院新闻系、北京新闻专科学校	《科学的新闻学概论》

① 杜绍文（1909—？），又名杜超彬，广东澄海人。1927年入复旦大学中文学新闻组学习，1931年留校助教。后任杭州《民国日报》国际版编辑、资料室主任、浙江《东南日报》主笔。抗战期间主编浙江战时新闻学会会刊《战时记者》月刊,《国民日报》总编辑、社长；抗战胜利后任上海《前线日报》主笔兼《新闻战线》周刊主编。1946年至1951年间任复旦大学新闻系教授，1952年任上海《文汇报》记者、编委办公室主任。著有《新闻政策》《中国报人之路》《战时报学讲话》《国际新闻纵横谈》。

② 胡道静（1913—2003），安徽泾县人。1931年毕业于上海持志大学国语系。曾参加《万有文库》编辑和上海通志馆编修工作。“孤岛”时期坚守上海新闻界抗日宣传工作，任《通报》《中美日报》《大晚报》《密勒氏评论报》记者、编辑、撰稿人，同时在上海法政学院新闻专修科讲授新闻史课程，为共产党的抗日宣传培养新闻干部。1949年后历任中华书局上海编辑所编辑、上海人民出版社编审等。

续表

序号	姓名	是否留学及留学国家	从业经历	从教经历	著作
24	管照微[①]		复旦大学校刊编辑、1931 年兼任上海新闻社记者	兰州大学经济系	编《新闻学论集》
25	项士元				
26	蒋国珍	疑为《中国新闻发达史》的译者而非著者[②]			
28	李公凡	不详			
27	鲁风	不详			
28	刘元钊	不详			

① 管照微，高中就读于上海立达学园，曾与王济深、刘仲达、唐旭之等先后组织了“时潮社”和“立达剧团”。后进入复旦大学新闻系学习，与伍梦窗、林楚君、向浦、徐之津等加入了复旦大学“左联”，并负责复旦大学的校刊编辑工作。1933年12月21日因宣传左翼思想被捕，后任教于兰州大学经济系。

② 虞文俊是东亚中国新闻史研究第一人。《中国新闻发达史》译者蒋国珍初考［J］. 新闻界，2015（15）.

表2　书目

序号	年份	书名	作者	备注
1	1903	新闻学	〔日〕松本君平 著	
2	1913	实用新闻学	〔美〕休曼著 史青译	
3	1919.12	新闻学	徐宝璜① 著	北京大学 新闻研究会讲稿
4	1922.11	应用新闻学	任白涛② 著	
5	1923.8	实际应用新闻学	邵振青 著	北京平民大学、 国立法政大学讲义
6	1924.4	新闻事业	徐宝璜 胡愈之 著	
7	1924.6	新闻学总论	邵飘萍 著	
8	1925.1	新闻学大纲	伍超 著	
9	1925.2	新闻学撮要	戈公振③ 编	
10	1927.9	中国新闻发达史	蒋国珍 著	
11	1927.11	中国报学史	戈公振 著	
12	1928.9	中国的新闻纸	张静庐 著	
13	1928.11	最新实验新闻学（上）	周孝庵 著	复旦大学新闻系
14	1928.11	最新实验新闻学（下）	周孝庵 著	复旦大学新闻系
15	1930.4	新闻事业经营法	吴定九 著	
16	1930.5	新闻概论	〔日〕杉村广太郎 著 王文萱 译	

① 徐宝璜，中国新闻学者、新闻教育家。1912年毕业于北京大学，后公费留美，于密歇根大学攻读经济学、新闻学。徐宝璜在美国密苏里大学受过系统的新闻学教育。

② 任白涛，笔名冷公、一碧，河南南阳人。1911年辛亥革命后，先后担任上海《民立报》《神州日报》《新闻报》驻河南特约通讯员，参加当地反袁活动。1916年留学日本，在早稻田大学攻读政治经济学，并加入了大日本新闻学会。

③ 戈公振所著的《中国报学史》最早由上海商务印书馆出版，是研究新闻学和我国新闻事业发展史的开山之作，国内外新闻界将之誉为中国首部新闻史学权威著作。任教上海国民大学期间，戈公振开始着手《中国报学史》一书的写作。在从事新闻工作之余，戈公振致力于新闻教育事业和新闻学研究工作，曾在上海国民大学、南方大学、大夏大学、复旦大学等校新闻系和杭州暑假报学讲习所讲授新闻学方面的课程，在新闻学研究上留下了许多著述。

续表

序号	年份	书名	作者	备注
17	1930.8	中国新闻事业（上）	黄天鹏①　著	
18	1930.8	中国新闻事业（下）	黄天鹏　著	
19	1930.8	新闻纸研究	〔日〕后藤武男　著 俞康德　译述	
20	1930.9	浙江新闻史（上）	项士元　编	
21	1930.9	浙江新闻史（下）	项士元　编	
22	1932.7	学校新闻讲话	袁殊　著	
23	1932.8	外人在华的新闻事业	赵敏恒　著	
24	1933.4	新闻学入门	黄天鹏　著	
25	1933.10	新闻学论集	管照微　编	复旦新闻学会丛书
26	1935	实用新闻学（上）	谢六逸②　编	申报新闻函授学校讲义之三
27	1935	实用新闻学（下）	谢六逸　编	申报新闻函授学校讲义之三
28	1934.1	新闻学	曹用先	
29	1934.2	新闻学概要	黄天鹏　编	复旦大学讲义、上海沪江大学新闻学专修科
30	1935	上海新闻事业之史的发展	胡道静　著	
31	1936.5	新闻学讲话	刘元钊　编著	

① 黄天鹏，字天鹏，别号天庐。1927年1月，他创办了我国首个新闻学刊（1929年扩改为《报学月刊》）并任主编；他是我国新闻学术史上最早研究新闻学之产生及发展史的学者，是我国具有新闻学术史观的第一人。他于1923年就读于北京平民大学报学系，1929年留学日本,修业新研究所,旋入早稻田大学新闻系。归国后出版了《新闻文学概论》《中国新闻事业》《新闻学入门》《新闻学概要》等十余本新闻学专著。

② 谢六逸，中国现代新闻教育事业的奠基者之一。著名的作家、翻译家、教授。1917年以公费生身份赴日就读于早稻田大学。1922年毕业归国，入商务印书馆工作。后历任神州女校教务主任及暨南大学、复旦大学、大夏大学教授。1930年任复旦大学中文系主任，并创设了后来闻名海内外的复旦大学新闻系，任主任。

续表

序号	年份	书名	作者	备注
32	1936	本国新闻事业	郭步陶 编著	申报新闻函授学校讲义十一
33	1936.6	新闻之理论与现象	张友渔 著	
34	1936.11	记者道	袁殊 著	
35	1937.7	现代新闻学概论	储玉坤 著	国民党政府唯一指定大学新闻理论教科书
36	1938.7	战时新闻学	任毕明 著	
37	1938.9	中国近代之报业（上）	赵君豪 著	
38	1938.9	中国近代之报业（下）	赵君豪 著	
39	1938.10	基础新闻学	李公凡 著	
40	1939.7	中国报人之路	杜绍文 著	
41	1940.4	新闻学	戈公振 著	1932 年完稿，另有 1947 年版
42	1941	新闻学的基础知识（上）	中美日报读讯会 编	中美日报读讯会实用新闻学讲义
43	1941	新闻学的基础知识（下）	中美日报读讯会 编	中美日报读讯会实用新闻学讲义
44	1941.7	综合新闻学 1	任白涛 著	
45	1941.7	综合新闻学 2	任白涛 著	
46	1941.7	综合新闻学 3	任白涛 著	
47	1944.9	新闻学	鲁风 著	新中国自修学院约稿
48	1946.6	科学的新闻学概论	萨空了 著	另有 1945.3 出版的署名艾秋飚的版本
49	1946.11	新闻史上的新时代	胡道静 著	
50	1947.12	新闻学的理论与实际	〔英〕斯蒂德 著 王季深 吴饮冰 译	上海文化函授学校读本

目次

第一章　緒論

一　新聞與新聞學的定義

什麽是新聞？這是不論研究新聞學，或是實際地的去做新聞記者的人，都應該預先有一個概念的。這一個問題，可簡單地分述如次：

1　新聞必定是一件事實　這是不可否認的，沒有事實，當然就沒有新聞。但是，我們說凡是新聞皆是事實是可以的；若要說凡是事實皆是新聞那就不可以了，爲什麽呢？因爲社會上儘有許多事實是不合於新聞條件的。

2　新聞是有時間性的　在新聞上這是一個非常重要的條件。我們顧名思義，無須加以什麽解釋，就可以曉得時間性是不可以忽略的了。怎樣是「新」呢？所謂「新」，一定是最近發生的事實；怎樣是「聞」呢？所謂「聞」　就是事實已經被認識了的。那末，「新聞」就是最近發生而又被認識了的事實。不是最近發生的事實，決不能稱為「新」；當然，要不是最近發生而被認識了的事實，就不是「新聞」。

3 新聞一定具有社會的意義　這就是說，凡是新聞，一定能影響及於社會。反過來講，則沒有社會的意義的，就不是新聞。如名學者的演講，這是一件事實，我們却可以斷言是新聞，因為演講不是一二人的家常談話，一定是有着若干人傾聽他底議論的；那末，便是他底演講已經影響到社會了。或者他底演講更鼓起了一種行動，那他底社會的意義就更大。又如我喝茶，這不能說不是事實，但却不能說是新聞。其原因就在於沒有影響及於社會。

4 新聞一定要是被正確報告的　我們已經曉得新聞是事實，但事實却不一定眞實。不眞實的事實，就不是新聞。我們要明白新聞的自身雖有時間限制着；可是它所給予社會的印象，却能繼續到人類的記憶力最遠的長久。換句話說，就是新聞在另一面是有歷史性的，是時常可以被人引證的。假使是不眞實的新聞，只要一經發覺，歷史性就會立刻失去。所以凡是新聞，不能因爲具備了前三點，就算是條件完全；更緊要的是不能忽略它底眞實，也就是注意它底歷史性。

但據上述，我們可以知道，所謂新聞，就是在最近的期間以內所發生而被認識的，並能有影響及於社會，正確地報告出來的事實。

新聞學又是什麼呢？有新聞，隨着就有新聞事業，於是也就產生以新聞及新聞事業爲研究的對象的新聞學。可是它底實在的內容究竟如何，我們也不能不加以相當的探討。

新聞學的內容，有人以爲是新聞思潮的敍述；有人以爲是新聞原稿方面的工作的說明。我卻說新聞學是研究因新聞而發生的種種現象的科學。

因新聞而發生的現象，有那幾種呢？一，新聞事業的類別及它底精神與責任，是我們所不能忽視的。我們也可以說，新聞是必須有這種新聞事業而始能得着永久的存在。二，新聞機關組織的方法與形式，是不是合乎科學的？是不是合於這種特殊的事業的？我們也可以說，新聞事業必要有了實際的組織方不是空談。三，新聞記者的種種條件，也是不能不注意的。我們也可以說，有了新聞機關的組織，而沒有新聞記者，還是空的。有了新聞記者，又有了組織，則新聞事業可謂已經完備；而新聞也有了發揮它本身作用的工具。還有什麼不周到麼？有的，那就是因新聞而生的需要解決的問題，如紀載的自由；記者的保障等，都得加以說明。所以，四，新聞問題也是治新聞學者所應該認識的。

上面的種種現象的說明，是新聞學的內容，也就是應該範圍些什麼的很簡略的解釋。就新聞本身說，它和這種種現象有着不可離的相互的關係。沒有新聞，固然沒有種種新聞現象；同時，沒有這些現象，新聞本身也就不能收它底實效。我們該知道新聞是有目的的，並不是空洞的；所以它必需要有收獲。這就是所謂新聞效率。

新聞學不能離開新聞，是很明白的事。那末，新聞學的內容應該包括這種新聞現象，也是明白的事情了。

我們旣明瞭了什麼是新聞，又從新聞本身上證出新聞學的含質應該是些什麼，則我們就可以進一步來爲新聞學作一個切實的定義：

「新聞學是研究新聞與其作用，及因新聞而發生的種種關係的現象的原則的科學。」

爲什麼說是原則？就是說在普通的新聞學上，只能告訴我們一些簡單的理論，只能告訴我們一個總觀念。其詳細的論斷，只能求之於各方面的專書。如新聞本身方面的新聞哲學，新聞構造學，新聞心理學等等；關於新聞事業的，則有新聞方法論，新聞制度論等等；關於技術上的，則有採訪學，纂理學等等。此外還有許多別種科學，是我們必得研究而於新聞學有很密切的關係的，將下節分別說明。

二　新聞學與他種科學的關係

照新聞學的內容看起來，不過是研究了一些新聞上的事情，像新聞機關的如何組織；如何做一個新聞記者；如何保持這種事業的精神；以及關於材料應如何蒐集整理和廣告發行等等。我們看，充其量，總逃不了「新聞」兩個字。但是我們應該明白，社會有不間斷的進化，一切社會現象也就愈形複雜。學術文化也是如此。生活雖因了這個緣故而分工；學術雖也因了這個緣故而各自獨立，可是以全個社會爲對象的新聞的內容，倒反更爲複雜了。新聞，不能只注意社會的一方面，所以我們研究新聞學，也就不能不求得各方面的知識。有如此複雜的社會，方有如此複雜的新聞及其事業等等；那末，新聞學也就不能不另外尋求別種科學的幫助。我們只研究了新聞學，要是對於研究政治現象的政治學；研究經濟現象的經濟學……沒有相當的知識，則我們就不能透澈地了解政治情形和經濟情形。關於政治上的或經濟上的新聞，我們也就無從捉住它底要點。這樣，我們雖是研究了新聞學，還是不能應用。所以我們要不把與人生有關係的一切科學求得若何程度的理解，我們實在還是沒有做完研究的功夫；還是沒有盡了研究者的責任。表面上，新聞學只是一種學問，而實際上却須有無數學問做基礎。

現在說明新聞學所牽及的各種科學的關係。

1 社會學——我們已經曉得新聞是事實，而事實又是什麼呢？就是社會現象。固然，社會現象的各部份，都有專門的科學司其職，我們也只有去揣摩那些專門的科學纔可瞭然於心。不過社會現象雖有種種不同，可是社會也並不是沒有一般的規律與因果。這個一般的規律與因果，可以使我們了解社會是什麼。我們如果不先了解社會的本質，其他的任什麼現象都無從談起。告訴我們社會是什麼的，告訴我們以社會的一般的規律與因果的，就是社會學。新聞離不了社會；沒有社會，根本就不會有新聞。同樣，新聞學與社會學，也就必須發生關係。

然則，社會學所告訴我們的那社會的一般的規律與因果，是怎樣的呢？第一，因爲研究社會學，我們可以知道人的性格(Clarcter)和幸福（Blessedness)是因什麼緣故而變化的？是怎樣變化的？第二，因爲研究社會學，我們就可以曉得流行在人與人間的種種觀念(ConcePtion)，情標(Feeling)和信仰(Faith)是怎樣的性質？是怎樣發生或變化的？第三，因爲研究社會學，我們可以明白所謂習慣（Habit)，風俗（Custom)，以及制度（System）等如何成立及進化？第四，因爲研究社會學，我們可以認識道德觀念怎樣發生力量？又怎樣成爲累世存在的遺傳物？更怎樣使它的判斷發生影響？總括起來說，社會學可以告訴我們對於社會所應具備的知識。

新聞學者是不是定要認識社會的本質呢？這已經不成爲一個問題。新聞學者之所以一定要研究社會學，由前述的關係上看，是社會學所包含的成分，都是新聞的成立的根本要件，其二者之不能忽略，是至明之事。

2 政治學——什麼是政治學？據一般的定義，以爲是研究人與人在有政治組織的社會中所有的動作的科學。什麼是政治組織？簡單地說，就是國家。國家和社會有什麼區別呢？我們普通都曉得國家要有一羣爲公共目的活動的人；要有一定範圍的土地；並且要有能代那一羣人表示或執行意志的機關；更必得要有規定權力的範圍，和執行權力方法的規則和條文。由這幾種原素構成的社會，就叫國家，就叫做政治組織。而我們人，在這種組織中，便叫做人民。社會却不要這許多原素，它只要一羣人集合在一起就是了。國家既已成立，那末，自然會有因爲國家的成立而發生的種種事實和歷史，研究這些事實和歷史的，就是政治學。

現在的社會，最大的形式，便是國家，便是一種政治組織。我們都是國家形的社會中的人民。這種政治社會中的具備着新聞條件的種種現象，或者叫做行爲，就是新聞，就是政治方面的新聞。所以我們也就必得要研究政治學，否則，我們就不會認識這種政治的現象或行爲。

新聞學者必得要研究政治學。第一，我們可以知道直接產生新聞的國家，那政治組織，是如何發生？如何進化的？我們可以從中尋到因果變遷的例證。第二，我們可以觀察現在這個國家的性質，組織，及所處的環境，所發生的種種變化。第三，我們可以從第二點上尋出所以然的道理來。第四，我們可以明白國家與國家間的種種關係，換言之，就是所謂國際關係。第五，我們藉此還可以知道國家的成立及存在，對於我們各個人所生的影響。第六，我們還可以曉得政治問題的解決，新的政治局勢的創造，是用的怎樣的方法及所生的是什麼效果？

上述種種，在政治學本身上說，就是對於國家及其成立以後的事實和歷史的認識；若在社會學上說，就是對於社會（國家是社會的一種）上的一種政治現象的認識。再在新聞學上說，就是對於由社會的政治現象而成立的新聞　實質上的認識。我們要不研究政治學，就不能透澈地了解這種新聞的原體。所以新聞學者，同時必須研究政治學；否則就不能明瞭整個的新聞學。

3　經濟學——研究社會上經濟現象的，就是經濟學。那末，要認識由社會的經濟現象而成立的經濟新聞的實質，我們就不能研究經濟學。研究經濟學，根本只為了兩個問題：第一，那居住在某一個地方的人，在一定期中，他們的物質生活，為什麼會比居住在另一個地方的人的物質生活，要豐富些或是貧苦些？為什麼比他們的先代的物質生活要豐富些或貧苦些？第二，在某一個地方居住的人之中，在同一個時代，為什麼有些人的物質生活比別的人要豐富些？

爲什麼有些人的物質生活比別人要貧苦些？（見周佛海先生大作，經濟學的新生命。）

我們要答覆上面的兩個問題，只有求之於經濟學。

再看實際上的情形。我們見到社會上時常有經濟恐慌的現象；同時，在某時期以內，也會有暫時的穩定。由這個情形，於是更有流通，貨幣等等問題的產生。換一個方面說，社會上時常有能工以及其擾亂的現象，但在某一期的社會上，也不常見。這種情形，都是我們可以時常見到的，這些就是經濟現象。因社會而存在的新聞，有一部分便是這種經濟現象。假使我們不研究經濟學，不認識一切經濟現象的原因，我們就不能認識這種新聞的原體。

所以我們研究新聞學，就不能忘了經濟學，就不能不明瞭經濟學所要解決的那成爲一切經濟現象的總因的二大問題。

4　法律學——研究社會上底法律現象的，就是法律學。那末，要認識由社會的法律現象而成立的新聞的實質，我們就不能不研究法律學。

我們研究法律學，第一，可以對國家具有一個觀念。第二，可以對人格有一個觀念。第三，可以認識權能，權力，權利以及義務等等的性質。第四，可以知道社會均衡的維持的原力是什麼。

不研究法學則上述的認識就不會得到；及有上述的認識，則我們就不能認識社會的法律現象。也就不能認識因法律現象而成立的新聞。既然，則我們所研究的新聞就不能完全。舉例來說：法庭判決一對夫婦的離婚，其原因是丈夫侮辱妻子。一，我們不能知道法官的判決是國家給予他的權；二，我們不能不曉得丈夫侮辱妻子，在法律上是被裁制的舉動，換句話說，就是丈夫有損其妻的人格；三，我們也不能不知道那爲妻者在法律上是允許她反抗丈夫侮辱的；四，我們更不能不曉得要是丈夫侮辱妻子不受法律的裁判，其結果所生的影響。我們看，表面上是如何簡單的新聞，若運用法律學的知識而加以分析，則是如何的繁複？我們假使看不出這新聞的內在的要點，就不能說是認識新聞。

所以我們研究可以告訴我們一切新聞知識的新聞學，同時就也不得不及於法律學的研究。

5　歷史——要明白現狀的由來，必須研究歷史。歷史對於新聞學尤有很大的助力。譬如歐洲大戰，這是在新聞學上極有價值的新聞。雖然我們曉得事實的起因，是在於奧國皇儲的被殺，假使我們根據這個原因來觀察大戰，是否能得着它底要點呢？這樣一件暗殺案，竟能使全世界的國家都走上戰線，似乎太簡單了吧！但它的結果，是否在於暗殺案呢？我們都瞠目而不知所對。要是我們能注意歷史，那末，對於歐戰前數十年間列強的不安定的狀態和錯綜糾紛的世界政局有相當了解，則對於這一次大戰，就可以瞭然。這是證明國際方面必須研究歷史的。此外，無論社會，政治，經濟，法律……方面，都有所賴於歷史，於是研究新聞學也必定要研究歷史。

人類的生活文化，莫不是由歷史演進而來。所以我們研究歷史，第一，可以對於過去的陳跡，多所會心；則對於現代的情況，必能了解。第二，可以知道這種現象的趨向及其演化的痕跡。第三，更可以培養我們的智慧，如時常存着懷疑的態度，對於任何事都能悉心考證。

我們看研究歷史的效果，沒有一點是研究新聞學者所可以忽去的。一，我們可以知道事實的因果；二，根據過去到現在的情形，我們又可以推測事實的未來，三，因爲歷史的紀載必須眞實，所以凡事都得考慮，則我們對於新聞也必能運用考證的方法去求實在。是歷史的研究，也必須成爲新聞學者所不可少的一件工作。

6 地理——什麼地方宜於什麼生產？什麼地方是軍政上的要隘？什麼地方是什麼氣候土地，而有某一種性質的人及某一種生活？什麼地方的產物在經濟上有特殊的價值？這許多問題，都是研究新聞學的人所不可不知的。我們從什麼地方去求得這一類的知識呢？只有求之於地理。從自然地理上，我們可以曉得自然界的山川林木等等的情形；從政治地理上，我們可以明白什麽地方宜於防守？什麽地方是宜於作戰的？又什麽地方是可以作爲軍港的？從經濟地理上，我們可以曉得那一種出產是獲得利益最厚的？也可以曉得什麽地方宜於什麽生產而可以造成很大的利益之泉源的。從文化地理上，我們可以知道這地方的風俗人情語言習慣等的狀況。

新聞學者在實際上是不能不求地理與以助力的。所以地理也是與新聞學有着密切關係的科學。

7　人類學——沒有人就沒有社會，沒有社會也不會有新聞。簡言之，沒有人也就沒有新聞。所以我們研究新聞學，對於人的一切情形，也就一定要研究。人類學所研究的：一，人類在自然界的地位；二，人類的種屬；三，人類的分佈；四，一地方住民的性質的異同；五，人類的分類；六，人種性質相異的原因；七，人類如何在世界上出現，八，人類的未來。

凡在人類學範圍以內所要研究的，在新聞學上也是很有關係的。明白了人在自然界的地位，則可以認識人與自然的關係。人與自然的關係是人類生活上最重要的問題。明白了人類的種屬，則可以研究近代人種上的種種問題。明白了人類的分佈，則可以曉得某一地的社會組織的龐大與偏小的原因。明白了一地方住民的性質，就可以觀測他們的生活。明白了人類的分類，則可以直接了解人與人間的種種關係。明白了人種性質相異的原因，則可以看到近代的一切社會組織上的相異。明白了人類如何在世界上出現，則可以用歷史的法則推測人類的前途。最後，所謂人類的未來，並不是存在與否的問題，却是如何使人類提高知識，認清自己，並使生活向善的問題。

以上的種種關係，證明新聞學者不能不研究人類學。新聞學之必須人類學的助力，也是必然的了。

8 論理學——新聞學和論理學所以要結合起來的原因，我們從論理學的本身作用上看，就可以明白。所謂論理學，簡括言之，就是指示我們一切事物如何去思考(Thought)那同與不同的原理(Principle of Identity and Difference)和充足的原理(Principle of Sufficient Reason)的。換句話說，Logic就是告訴我們怎樣判斷(Judgment)，怎樣把我們由感覺知覺記憶想像等所得到的形象，去分析，去綜合？並且也告訴我們怎樣去成立一種概念(Concept)，怎樣把那已經判斷的事物去分別其屬性，有否共通點而抽象地集合為一類？並且更告訴我們去如何做推理(Reasoning)的功天，如何把我們已知的判斷，推而至於他種未知的判斷？我們研究新聞學，我們研究新聞及其種種現象，需要分析，需要綜合，是無可否認的事。我們要把那種新聞去分類，去把同屬性的集合在一起，也是不可省的功夫。至於推測將來的變化，或結果，也是新聞學上的一種重要知識。論理學就是幫助我們這方面功作的科學。

9 心理學——以個人為對象，而研究其意識的或近於意識的活動的，就是心理學。不同的人在同一的境遇裏怎樣動作？一個人的智能(Intelligence)是怎樣？反射動作(Refex action)是怎樣？本　(Instinct)是什麼？感情(Feeling)？怎樣知覺(Pereeptivn)如何？這些問題，只有心理學來告訴我們。

我們研究新聞學所以要牽及心理學，第一，因爲新聞的中心是在於人，而人又是心的動物，有心而後有意識，而後有種種動作。這個人所以要發生這樣一件事，當然有心理上的原因：或是一種反射動作，或是感情的衝動。所以我們要澈底認識新聞，必定要了解種種人的心理。第二，這樣一件事實發生以後，有什麼變動呢？別的人會不會因了這個刺激而有類似的或反對的行動？要知道這些，也就非研究新聞學不可。新聞學之一定要和心理學結合，正是爲了這個緣故。

10　教育學——現在談教育的，都不很願意談，只有學校方是教育的那種論調了，而一定承認教育有它底更廣的意義。美國大教育家杜威博士爲教育下的定義最好，他說：『教育卽是生活！』(Education is Life) 他又說：人都有家庭中的兒童生活，市場上的生活，人與人往來的生活，以及與自然界相接觸的生活，從這許多生活當中得來的種種知識，種種思想，種種習慣，都是廣義的教育。也就是社會的能力和社會的影響，這種能力和影響，是可以拿來陶冶人的習慣和性質的。照博士的說法，廣義的教育以外，還有狹義的教育，那就是學校教育。研究了廣狹二義的教育的，就是教育學。人類所受的教育，學校方面是很有限的，是在一個短時間以內的。那廣義的教育却是永久的。到老及死，都不會停止，因此我們就不能不更注意廣義的教育。既然如此，則社會生活實是教育，這意思是無可懷疑的了。研究新聞學的人，一定得了解教育，也是意中事。因為新聞離不了社會，離不了社會上人與人的生活。生活就是教育，社會就是教育機關。新聞的發源地就是這大教育機關，則新聞與教育，新聞學與教育學，在二者之中，就應有一種聯合。

新聞學和各種科學的關係，已經把重要的說過大概了。不過新聞學有關係的科學並不是僅僅這幾種，此外還有許多，也是我們要注意的：

第一　統計學——這是新聞學應用方面必須有的知識。

第二　外交學——這是關於一部分新聞的認識上必須具備的原理。

第三　社會問題——大部分的新聞，可以說都是社會問題：勞働，人口，婦女解放，家庭，合作，貧乏等等，我們必得研究社會問題這門科學，始可明瞭他們的原委，和推測將來的趨勢。

第四　市政學——社會發達，都市也隨着進步，所以關於都市上種種，也必得有相當的了解。而且新聞學之實際上的應用，大概又都在都市，就更不能不研究都市的種種現象了。

此外，還有因社會學而要附帶研究的社會政策，社會主義等。因政治學而要附帶研究的國家政策，世界政況，政黨等。因經濟學而要附帶研究的金融機關，關稅，貨幣，滙兌等。因法律學而要附帶研究的各種法律。以及各種專門史，和稽核學，優生學，衛生學，犯罪學……

總而言之，研究新聞學，必得同時研究一切與人生有關係的科學。我們也可以說，新聞學必須有別種科學的助力始可收實際的效果。如果不研究種種有關係的科學，新聞學就是空，是不必研究的理論。新聞學必須應用，不應用也就不要新聞學。所以新聞學者所要研究的，表面上雖是一個問題，實際上却是全部的人生問題。因此，我們要澈底研究新聞學，就必得研究一切關於人生的科學。

三　新聞學研究法

凡是誠心研究一種學問的人，大概對於研究什麼學問，要想對於這種學問有正確的認識，僅靠了那單純的研究興趣是决不能達到的意見，總能首肯吧！

有人說，要正確地的認識一種學問，就必得有一種正確地的研究方法。我們要研究新聞學，要對於新聞學有正確地的認識，就須先求得正確地的研究方法。要是我們僅僅感到新聞學的需要，而不用正確地的方法去研究，想自然而然地有對於新聞學的正確地的認識，事實是絕對不會有的。沒有方法，或方法不對，則研究就不會有結果，或雖有結果而不正確。有正確地的研究方法，對學問始有正確地的認識，同樣要對新聞學有正確地的認識，也就必須有正確地的新聞學研究法。

新聞學的研究法，不外下列的四個程式：

1 歷史的研究法　這一種方法，它告訴我們的是眞實；是科學的根據的所在。一切科學，它底演進與發達，都是由於過去的經驗所引證出來的。其中指導着這個過程的，不是我們的思想，而是歷史。歷史的任務，經過學者的證明與應用，是以顯示現代某一部分人的意見的不確。所謂歷史，就是根據過去的種種變化關係，而指示現在的種種現象和推測未來的種種趨勢的原則。它並不是僅僅於說明過去社會現象的因果變化。現代底某一部分人說歷史只是過去的事實的紀載，除了滿紙的陳腐以外，絕不含有更大的作用。這是一種錯誤。我們信任歷史，所以我們要認識新聞學的科學的根據；它在科學上的地位，就應該先認識新聞學底社會進化的關係。社會越進化，社會現象就越複雜；新聞是社會現象底具體的表現，所以社會現象一複雜，新聞也就隨之而複雜。社會進化的原動力是什麼？則社會現象複雜的原因也就是什麼？而新聞的複雜也就是這個原動力所使然。研究社會進化的根本動力，可以尋出新聞的發生與發展的原動力這樣，新聞學在科學上纔不是架空的，纔有了它底根據和地位。明白底來指示我們的，就是歷史。

2　觀察的研究法　一切思想，都與時代結着緊密的關係。新聞學自然也不能例外。新聞的性質，新聞事業的地位，新聞機關底組織的形式，新聞記者的責任和思想，以及新聞上的種種問題，都是隨時代而轉移的。於是新聞價值與新聞效率，也都受着時代的影響。新聞事業的地位必須因新聞效率而可估定新聞機關，組織在分工極精細的時候，也就不能繼續它底單一的形式；新聞記者在時代上表現更屬重要，他底思想必要適合時代，在某一個時代裏，一定不能有反乎時代的言論。我們要明白上述的關係，少不了的是研究者自己底精銳的觀察。因爲所謂「時代的」就是某一個時期中大多數人的思想與行動的一致點，這個一致點是沒東西給我們參考的，所以必有賴於自己的觀察。觀察的錯誤與否，就在於自己曾過的科學訓練的程度的深刻和幼稚。

3　比較的研究法　無論那一種科學，當然都有它底自己的特質。新聞學也是如此。換言之，無論那一種科學都有顯示那一種科學的精神的原理。新聞學的原理是應用的，是要有一種具體的表現的，這一點和別種科學並沒有多大差異；所差異者就在別種科學可以單自運用，或者牽及小部分別種科學來應用，而新聞學都要一切有關人生的科學的帮助，方能運用。可是別種科學差不多每一種都有很多派的理論，研究者在這時候將如何呢？我們不能隨了性之好惡而取捨，一定要比較，求得一個比較的答案。研究新聞學，也就要根據這許多不同的理論，而加以一種比較。

4　實際的研究法　這就是說，我們一方面顧到新聞學的理論，另一方面不能不注意到它底運用的技術，因爲新聞學是只有實際的運用方可以表現它底眞精神的。所謂運用的技術，它一定要能適合於各個不同的環境；一定要依社會環境的要求，而決定法則。例如資本很大的新聞機關中應用的技術，絕對不能在範圍極小的新聞機關裏照樣的應用，因爲新聞事業的精神，規律，分子，都是有着極大的影響於技術的，我們底新聞學能否在應用上收得相當效果，就要實際地走到報館或通訊社裏面去。

上述的四種方法，看看是各自獨立的四個；要是研究者認眞只擇了其中的一個，那研究又不會有結果。這實在是一個方法，實在是一個方法的四個方面。我們研究新聞學不能只應用其中的某一個，應該把四個一起來應用，那纔會能得一個相當的對的結果。

第楚新聞夢

第二章　新聞的實質

一　構成上的要素

什麼是新聞？這一個問題，前一章已經解釋過了。不過，那還只是一個廣汎的名詞的廣泛的說明，並不是我們所要直接研究的報紙和通訊社的新聞；雖然，我們要認這種新聞，就非先認識那廣泛的新聞不可。

新聞有兩種：一是口頭傳說的；另一就是報紙和通訊社的文字紀錄的新聞。有時文字的新聞要靠口頭的新聞而紀錄，有時却不一定需要。有時口頭的新聞却也要靠文字的新聞而傳說，有時也是不一定。所以我們可以在便宜上把新聞分爲二類來觀察。

文字新聞是隨着社會而進化的。換句話說，從前的口頭新聞在現在已經不發生多大的效力，無論是時間的或空間的；可是文字新聞都可以滿足人民的需要，而發生它的効力。上古的政治學者以爲言語是萬能的，他們以爲凡是自治團體，其人數决不能在言語所不能連者以上，因爲討論一切，表示一切，只有靠了口頭的言語。更進一步說，雖從口頭上能得到各方的消息，學術的思想，但要他們的討論精確而無錯，却必得自治的人民居住相近。我們看，這樣的情形能滿足人民的慾望麽？無論如何是不可能的。因爲不論是各方的消息或是學術的思想，現在一定要及於廣大的境界；一定要廣大的境界以內的人民都能在極短的時間以內明白，或者參加討論。這個責任不是口頭的新聞所能負起的，而必須靠了文字的新聞，必須靠了報紙和通訊社。

所以，我們研究新聞，無論是在新聞本身上或是社會的根據上，都以研究文字的新聞爲直接而主要的工作。因此，我們要說明這種新聞的構成上所不可少的條件。

第一，從構成原質上說：一，必須俱備前章所述的那種廣泛的說明的新聞條件，就是凡新聞一定是在最近期間以內所發生而被認識的，能有影響及於社會的眞確的事實。我們已經曉得，無論一件怎樣重大的而影響與社會也非常重大的事實，在發生的最短期間中，是新聞；因爲它雖被人認識，却還不曾被一定度以限內的所有的人認識。假使我們以國民革命軍出師北伐的一件事來看，在那期間是如何重要的新聞；所以報紙上面要用大號的鉛字把它排印在最注目的地方，而通訊社也一定要千方百計的去用最迅速的手段探探而報告這項消息。可是在此刻看來，就不是新聞了。是什麼呢？是過去的歷史。新聞之所以能在相當期間以後成爲歷史，就是它全完是社會上眞確的社會相。新聞的構成，以此爲第一條件，就是因爲新聞原來是種種的社會相；沒有這種社會相，其他的條件也就不會跟着發生。

二，必須是文字的紀錄。我們已經曉得新聞不一定都是文學的，但要使新聞發生更大的效力，却就必須要是文字的方可。另一方面說，我們研究的新聞，是報紙上所登載的和通訊社所供給的新聞，這就非文字不行。再從社會方面說，現在無論什麼事情，差不多是及於廣大的境界的，要是我們不靠文字，新聞的效力，就只及於居住相近的少數人，而不能及於廣大的境界。所以構成現在的新聞的第二個條件，就是文字。我們也可以說，不是文字的新聞，就不是新聞；至少，是不能滿足社會需要的。

三，一定要能引起人的興味。怎樣纔能引起人的興味呢？興味的程度又以什麼爲標準呢？我們要知道新聞不能使讀者發生興味，就不能使他的注意力集中；注意力不集中，所得的印象就淡薄，甚而致於一些都沒有；要是印象淡薄或沒有，就不能使他受影響；新聞不能使讀者發生影響，就說不上新聞效率；也就說不到什麼新聞價值了。然則，所謂興味，究覺要經過什麼手續呢？假如事實的本身已經俱有使人發生興味的質素，那固然很好；可是社會上的事情大多數都是些枯澀的問題，那就應該怎樣呢？我們傳達一種新聞給讀者，是不能顧到它的效率和價值的，所以就不能不設法使枯澀的事實，經過種種手續，使它有使讀者發生興味的能力。要使新聞在這一個條件上沒有缺憾，則不能不注意下列數點：第一點，這件事實，某一段的敍述應在前，某一段的配置應該在後；第二點，對於某一個祕密的問題，應該透露到適當的程度；第三點，對於某一件事，敍述時應用什麼口氣，應正敍或是旁述。這種種，都是興味的重要質素。我們要使新聞發生興味，就不能不竭力在這幾方面注意。

四，新聞的構成，它本身上所應備的要素，最後一點就是道德觀念。所謂道德，就是向善。我們記錄而傳達新聞，不論它是一件好的舉動或是惡的行爲，我們不能不爲社會的道德着想。道德既是向善，那末，我們對於好的舉動就應該暗示它必須保持或更發展；對於惡的行爲就應該暗示他必須毀滅。雖然道德的標準，是相對的而不是絕對的，但我們總須站在社會的共同利益上觀察。由於這個觀察點，其所得的結果，大概總不致於有矛盾或衝突的現象，我們要知道凡是新聞一定負有一種社會道德的責任，要是不能負起這種責任，新聞效率就還不能說是完全獲得。不過，我們要認清，雖然新聞都負着道德的責任，在表現方面都並不一律，有些是明顯的，有些是暗示的；有些是積極的，有些却是消極的。

總而言之，從構成的原質上觀察，它是由於事實，文字，興味和道德的四種要素。在這四件要素中，缺一就不是完全的新聞。

第二，從構成的手段上說：一，必須先要設法去獲得材料。所謂材料，原是新聞學上的一種術語，就是構成這件事實的種種情節，證據等等的名稱。我們要曉得社會上所發生的事實，它只空洞地告訴了我們一個整個的認識，告訴了我們已經表現的浮面相，却不會告訴我們爲什麼有這樣的事實發生。我們一定要去用種種方法探聽這件事實的遠因近因，方能徹底地明白結果所以會成爲如此的事實，以及由這個結果更會發生別一個結果。我們也可以說，一件事實是由於許多材料綜合起來的，沒有這些材料，就不能完全的成立一件事實，尤其是當作報紙和通訊社的新聞用的事實。例如某天舉行元旦的慶祝紀念會，我們曉得這是事實，而那種開會的儀式，參加的人物和人數，以及名人的演講等等，就是構成這件事實的材料。所以新聞雖然是根據於事實，而事實是什麼呢？就是材料。我們得不着材料，就是一件空的事實，而以這種事實構成的新聞，便也是空的。因此新聞之所以成立，第一就須去獲得種種材料。

二，在材料獲得以後，就須加以整理。成爲報紙和通訊社的新聞的重要作用之一的，就是在於它能把許許多多散碎的材料整理起來，使讀者對於這件事實有一種系統的觀念。材料既已獲得，不能說新聞的事實已經成立，一定要經過整理的手續，一定要經過編削，文字的修飾等等手續，它方算成立。我們要明白事實，並不是只明白了事實的表現相就可以算了的，我們一定要曉得它的內容。內容常常不是單一的性質，不是我們可以一望而知的，一定要在種種材料獲得以後再加以整理方能清楚；否則，一團亂絲，我們就無從認識這件事實的眞面目。因此之故，整理這一個手續，也是新聞構成的手段上所不可忽視的。

三，材料也有了，並且整理過了；在整理的時候，其他新聞構成的原質上的要素也都完備了，那末，新聞已經完全成立，是無可懷疑的事情。就表面上看，自然是對的；但一究實際，却是大大不然。我們現在研究的新聞，既不是廣泛的新聞，也不是口頭傳說的新聞，却是報紙和通訊社的生命寄托之所在的文字的新聞。既然是這樣性質的新聞，則必須印在紙上，方始算完工。因爲報紙是要廣大的境界之內的多數人閱讀的；通訊社是要同時供給許多報紙採用的，假使只有一張原稿，不用說，這種作用，無論如何是不能產生的。要產生這種作用，就非把原稿交給印刷人印在紙上。如果我們在整理的手續做完以後，就說新聞已經完全成立，其見解還是錯誤的。人們不認識它，雖然這樣的事實確已發生，怎麽能成爲新聞呢？在手續上，整理以後，必須還要印刷出來。

四，我們再看，原稿已經由印刷人印在紙上了，算不算完全成立呢？還沒有，還有一步手續没有做到。只要這一步手續做到，新聞纔可以說是完全成立，這就是在讀者之前公開。換言之，原稿雖成爲印刷品，却還要分發需要者：報紙需要通訊社的稿件；而社會却又需要報紙的記載。報紙是通訊社稿件的讀者；而社會上的人却又是報紙的讀者，間接地，也就是通訊社稿件的讀者。新聞的完全成立，一定要在於已經分發出去以後。因爲這樣，某一件事實，纔是已經發生而又被認識的。

總而言之，從構成的手段上觀察，新聞是要經過材料的獲得，整理，印刷和發行的四個步驟而後完全成立的。

現在，我們可以曉得，新聞的構成，它的原質是怎樣，而它的必須採行的手段又是怎樣。根據這樣的認識。我們方可繼續研究新聞，所以要發生的種種現象。

二　新聞的性質與分類

社會現象不是單一的，而是複雜的；那末，以社會現象為實質的新聞，當然也不是單一的而複雜的了。假使把這些複雜的新聞，毫不加以一種分別，不論重要不重要，都歸在一起是極不科學的。社會上有政治現象，經濟現象等，於是有政治學，經濟學的產生。這就是證明每一種現象，就有一種人對之特別注意，所以就有專門研究這種現象的科學。所以為便宜起見，新聞也就不能不注意到性質及其分類的問題了。

請先述明新聞的性質。

1　政治的　在報紙上或通訊社的稿件上，是以政治新聞為最重要的。我們也可以說，新聞的大部分，都是政治的。爲什麼這一類的新聞會佔這樣重要的地位呢？這一類的新聞究竟包括些什麼呢？這就是研究這類新聞的本質上的兩大問題。不過，我們要認識這類新聞，對於政治二字的意義，就先要曉得。什麼是政治呢？孫中山先生對於這一個名詞有一個適切而又簡明的定義，他說：『政是衆人的事，治就是管理。管理衆人的事，便是政治。』衆人的事，要誰來管理呢？就是政府。所以我們也就可以說，政治就是政府所做的事。因此，所謂政治新聞，就是政府在最近期間以內所做的事的一種紀述。這類新聞，不必說，是和其他性質的新聞同等的；因爲它們的根據是社會現象的同等的各方面。既然如此，但爲什麼報紙或通訊社常常以它爲最重要的部分呢？爲什麼報紙上沒有政治新聞，就好像報紙還不完全；通訊社沒有這政治新聞的稿件，就好像這個通訊社還沒有盡了責任呢？這沒有別的，完全是在於人與人的共同利害關係的這一點。人之所以要有政府，是爲了要執行公共的意志，是爲了謀公共的福利。因而政府的一切事務莫不與人有密切的關係。政府的事情做得好，就是公共意志能執行，公共福利能謀得；政府的事情做得不好，就是公共意志的不能執行或雖執行而不完全，公共福利的不能謀得或雖謀得而不能滿足全體人民的需要。從這個關係上看，我們可以曉得，政府的事情是人民所最注意的。那末，以人民爲讀者，而代人民去探悉這種事情又忠實地報告的報紙和通訊社的政治新聞，自然也就爲人民所特別注意。因此，這一類的新聞也就成了新聞中最重要的部分。

政治新聞所包括的，約有下列諸端：一，國際關係；二，軍事行動；三，國家行政；四，財政辦法與狀況；五，法律條文的規定；六，交通計劃等。此外還有因爲上述種種而附帶發生的事情，有時也成爲很重要的新聞。

2　經濟的　人類生存最重要的條件，就是經濟。所以社會現象中的經濟現象，也是極複雜而與人息息相關的。因此，新聞中的經濟新聞，也就複雜而重要，差不多和政治新聞相並肩。然則，經濟新聞是什麼呢？貨幣的流通怎樣？匯兌的市價怎樣？糧食的貴賤；商品的銷售；出口貨超於進口貨，還是進口貨超於出口貨？國內生產的情形怎樣？國際市場的情形又怎樣？捐稅問題怎樣解決？土地問題怎樣解決？勞動問題又怎樣解決？以及每日的金融市價，種種狀況，都是經濟新聞，都是與人民有直接的利害關係的，都是於人民的生存有極大影響的。人類生活，在精神的以外，就是物質的，也就是經濟的。而且我們可以進一步說，物質生活有時更重要於精神生活。我們也可以說精神生活有許多地方是物質生活的反映，不過不是絕對的而是相對的能了。例如，我們要去音樂會求音樂所給與的安慰，就要有錢出買票；沒有錢買票，這個安慰就不能得到。固然政府可以舉行公開而不要錢的音樂會，但政府也要支出一筆款項來開銷，還不是等於我們拿錢買票，而音樂會却拿這賣票而得的錢去開銷？不過是由政府整次的支出和我們各個人零碎的支出的分別而已，其要經濟的物質的助力，還是一樣。我們看到人類和經濟有如此的關係，則新聞中的經濟新聞也不能不特別注意。如前述的經濟新聞範圍以內的種種，那一件不是與全個社會有極大影響的？

3 文化的 一個民族或一個社會，它的基礎是建築在文化上的。文化不發達的民族，國家，則其決不是進步的，我們可以斷言。科學不發達，生活條件就不能俱備，生活資料也就不能豐富。藝術思想不發達，則人與人間就會時常發生掠奪，鬥爭等等殘忍的現象。教育不普及，人民就沒有知識，沒有知識則不能認識自已及其義務，並且也不會有高深的思想，發明，而社會也就因此不進步。文化進步，社會也就進步；社會既進步，則文化就會因需要而更有發展。所以從近世社會上觀察起來，人類對於文化，有很大的要求和注意，是必然的。那末，我們對於文化方面的新聞，也就不能不明瞭它的性質。文化既有促進社會的力量，則於人類有重大的意義，就可想而知。因此，文化新聞，在新聞中自有它獨特的重要性。

4 法律的 我們曉得法律是維持社會的一種主要的工具，沒有法律的社會，決不會有秩序，決不會和平；而 定呈現出紛亂不安的狀態。國家固然要法律來規範一切有礙公共生活的舉動，卽是個人與個人之間，也必法律決定其應守的原則和各人應盡的義務等等。法律有成文的與不成文的，前者就是政府批定而執行的種種條文；後者就是所謂宗教和道德。如果人民有了與條文相抵觸的行爲，政府就要依照條文上所規定的辦法來處罰；條文的內容，我們可以說就是公共的利益，所謂與條文相抵觸，就是與公共利益相抵觸的意思。社會本來是因公共利益而集合的團體，如果抵觸了公共利益，換言之，就是破壞了公共利益，那末社會就會發生不安定的現象。要擁護社會的安定，則對於違害公共利益的舉動就應該裁制。至於宗教和道德，也是一種裁制不良行爲的工具，不過它們與政府規定的成文法不同，就是各人靠了對於宗教的信仰心和道德的觀念而自己斂守，不然，社會就會有一種輿論，使違害公共利益者感到一種精神上的苦痛，於是而懺悔，而改過，社會也就因此不會發生多大的不安。我們曉得人類總是自私的，因而就難免時有與法律相衝突的行為，無論是成文的或不成文的，所以社會上受制裁的人與事，也就極多而微妙了。這一方面的現象，也是新聞中的不可輕忽的部分。報紙上所揭載的，或是通訊社所傳遞的，這類新聞也往往佔着多數，例如強盜案，強盜案，侮辱案，傷害案，……眞是極多極多，而且有時具有重大的意義。

上述的四點，就是全部新聞的重要的四個方面。也可以說，所有的新聞，都離不了這個範圍。不是政治的，就是經濟的；不是經濟的，就是文化的；不是文化的，就是法律的。我們還可以說，新聞的性質，必定是這四點中之一。

次之，我們就要說明新聞的分類。

新聞之所以要分類，有兩方面的原因：第一方面，是給讀者以便利。人類生活是隨着社會的進化複雜的，各人都化所有的時間在自己生活的豐富和安定的目標上。因此之故，大多數人就沒有餘暇來閱讀全部的新聞，而只好選擇與其本身有利害關係的或對之有特殊興味的某一部分來閱讀了。假使我們把一切新聞都混在一起，則這大多數有時間上的限制的讀者，就感到非常的麻煩。因為要尋找那目的新聞，差不多要把新聞的全部都要瀏覽一過纔行。這種情形，實在是給讀者很大的不便。要免除這種現象，唯一的辦法，就只有分類。讀者可以在某個範圍以內，得到滿足。第二方面，是報紙和通訊社工作上的關係。一種報紙和一個通訊社，決不是一個人所能支持的。新聞是複雜的社會現象，一個人無從認識它的全部，所以無論什麼報紙和通訊社，一定要多數人的分工，方可以有各方面的調和，而可以免去只見到社會的一面，忘却整個的社會的危險。我們再看，報紙和通訊社，有一個重要的特性，這是無論那一種社會事業所沒有的，這就是把所得的新聞，要在時間的限制中，儘可能地報告讀者。所謂時間的限制，就是說要在很短的黑夜中，要把材料整理好，校勘好，印刷好，而重要的事情，還得加以批評。等第二天最早的時候，完全散佈到讀者手中去。這種情形，必須多數人的合作，方可以產生適當的效果，是無可懷疑的。所以在工作上，也就要新聞的分類。我們知道幾個人混合工作，常常要發生重覆或衝突的現象，這種現象是新聞上最忌的；要免去這層不妥，只有依新聞的分類而分工。各人負一部分的責任，就不會有上述的現象；不但不會有上述的現象，有時在速率上却更有很大的帮助。

根據上述之二大原因，所以新聞要分類？同時也就發生了分類問題。

第一派的主張，以爲新聞的分類，應該依新聞的性質，大概可以分作下列這幾類：

一，政治新聞　包括政府的會議；外交的方針與現狀；軍隊的調遣與作戰情形；政府人員的調動與行蹤；財政的計劃與現在的情況……

二，經濟新聞　包括市價的狀況；銀根的鬆緊；銀行的信用……

三，教育新聞　包括政府的教育方針；各學校的狀況。

四，學術新聞　包括科學藝術的思想的發表以及現狀。

五，商業新聞

六，農工新聞

七，社會新聞　包括一切能引起報紙趣味的新聞。

第二派的主張，以爲不必由性質而分類，因爲嚴格的講起來，在某一類中還可以分爲若干類。例如政治新聞一項，關於外交的，財政的，軍事的，都可以使之獨立，包括在政治名稱之下，還不能算是適當。在這一派，以爲新聞應該依空間上的關係來分類。爲什麼呢？因爲第一，凡是新聞都有其空間的關係，例如某一地方發生了經濟恐慌，自有它的原因；這個原因，是某一地方的原因，並不是全國，或是全世界的原因。第二，社會現象雖然有所不同，而其中却有許多地方有着關連，所以到不如列在一起，容易使人明瞭那一地方的全個的社會。第三，讀者都有一種空間的觀念；中國人總是對於中國的情形格外注意的，因爲是公共的利害關係，不能不如此。有了這三層理由，所以這一派不以依新聞性質的分類爲然，而要依新聞的空間性作如下的分類：

一，世界新聞　這一類有二種，一是關係全個國際間的重要事件；另一是本國以外的國家中所發生重大事件。無論是政治的，經濟的……都歸在一個系統以內。

二，國家新聞　也可以稱爲政府新聞或中央新聞。這一類就是本國的最高政府機關的一切事件，因爲這些事件都是關係全國的。

三，地方新聞　這就是一省或者一縣的事件。

四，社會新聞　這一類的新聞，就是報紙或通訊社所在地的事件，並不是專門指那些低級新聞而言。

綜看兩派的意見，各有相當的理由。不過，依照新聞事業（報紙和通訊社）的現階段看。似乎以第二派的主張爲有力。因爲：一，在社會現象上說，雖然表現各方面，而其中確有着不可分離的關係。例如工人罷工，是經濟現象；但與法律，政治就有非常的密切的連鎖，法律要來爲他們作正當的解決，而政府却要設法抑止社會因此而發生的恐佈。二，就地方性上說，一地方的風俗習慣，經濟狀況，生活情形，都自有其特質，所以在事實上，雖有了多大的事件，決不會使全國受其影響的，即使有影響，程度上一定有差別。我們不能否認一件事實的因果關係，而因果關係又是由於特殊的背景而始產的。因此，新聞之依地方性而分類，比較因性質而分類，有着更有力的科學根據。

三　新聞的來源

無論是報紙或通訊社，它的生命總是寄托在新聞上面的。沒有新聞，則所謂報紙，所謂通訊社，都是不實在的東西。所以凡從事於一種新聞事業的人，總得特別注意於新聞之獲得，而且要注意它的多寡，正確與靈敏。但是，在這樣廣漠的大社會之中，我們怎樣去獲得新聞呢？換句話說。我們所需要的新聞，將從什麼地方獲得，用什麼方法獲得呢？這就是新聞的來源問題。我們曉得，報紙與通訊社，如果不想方法使新聞的獲得特別迅速而正確，則報紙與通訊社的前途，就隱伏着莫大的危機。因爲，一般讀者所注意的，不是評論，不是科學與藝術的文字而是新聞。新聞的獲得既速而且確，則讀者就會不期而然的把他們的信仰集中於這一種報紙或通訊社。要獲得的新聞能迅速而正確，唯一的辦法，只有注意於它的來源。因此，新聞的來源，也必須是研究新聞學者所要知道的。

爲便利起見，我們可以分作三個部分來講：

1　來源的所在　沒有可以獲得新聞的地方，一切就都可以不必談起。不錯的，新聞是社會的種種現象，獲得它的地方就是這個社會。這句話，在理論上是對的，可是一按諸實際，我們就不能不承認是一句做不到的空談。這樣廣漠的社會，我們從什麼地方着手呢？沒有一個正確的目標，我們就無從獲得這件事實的眞相，例如我們知道某處發生了一件毆傷案，並不會曉得這件事實的一切情形。只空洞地有這樣一個概念是不能成爲新聞的，就一定要探明這件事實的前因後果。但是到什麼地方探去呢？如果說是這件事實是社會上的一種現象，要向這個社會探詢，可是社會是什麼呢？我們曉得是各個人的集合體。那末，我們就要向任何人探詢了，這是不是事實上做得到的呢？當然是做不到的。這一件事實，我們只有去向附近的警察局，這地方的法院，以及當事人和鄰舍等各方面去探詢，方能得着眞相。這就是來源的所在了。

關於新聞來源的所在，我們可以分作下列數點：一，政府機關。不論是中央的或是地方的；也不論是行政的，或是司法的，更或是其他什麼的，都歸在這一個系統以內。政府自身方面所主動的事情，那不用說，除了向政府機關探詢以外，我們沒有別的什麼地方可以獲得；雖然有時我們可以在社會各方面探着這一件事實的材料，這只可作爲參考，只可帮助，而不能作爲主要的成分。卽使是社會方面發生的事實，我們也不能不注意到政府。如前述的那個例，我們曉時是某個人與某個人的事情，但不能不和政府機關的警察局，法院發生關係，而我們爲了獲得這一項新聞，也就不能不和警察局法院發生關係了。再如社會上有了饑荒，我們除了調查饑荒的情形之外，對於最重要的救濟辦法及如何免去因此而發生的別一種現象等等，也就不能不向政府機關去探詢。因此，政府機關在新聞的獲得上，是最重要的一個所在。

2　團體　什麼是團體呢？就是人民自己的一種組織。團體的結合大概脫不出兩個範圍：一是爲了實現某種特殊的目的，如文化團體，慈善團體等。另一是爲了擁護或增進某種特殊利益的，如工人團體，商人團體等。既然團體是人民自己組織的，則和人民的關係必是直接的，可以無疑。雖然不一定和全體人民都有關係，但至少與社會的一部是有着關係的。那末，我總可以在某種團體之中，獲得關於某種事實的材料，而讓我們製成正確的新聞。例如某一個工廠中的工人能工了，我們就得去向這一個工廠中工人所組織的代表全體工人的工會探詢全體工人的意見或主張。因爲在事實上我們不能在最短期間中和每一個工人都談話，所以就非和他們的團體發生關係不可。又如社會上有饑荒，除了政府機關，人民自己組織的慈善團體也是有辦法的，也是應該有辦法的，所以在製造項新聞的時候，也不能忘了這個團體。因此，團體也是獲得新聞的重要所在。

3 個人　個人也是獲得新聞的重要所在。任一件什麼事實發生，其中都離不了個人。政府機關辦理一件國際交涉，一定有一位外交部長或是特派的大使，這就是新聞獲得上所指的個人。我們爲了明白這一次的國際交涉，除了向外交部或領事館採取種種材料，就還得和外交部長或特派的大使以及對方的領事等個人談話，詢問交涉的情形。又如打傷一個人的事實，我們在警察局或法院裏可以獲得毆打時的種種證據，或已產這樣結果以後的各種情形，則我們必須詢問這當事人所以產生這樣結果的原因。警察局或法院雖也有口供，但只是依法律的範圍而詢問，並不曾注意到人事的關係和意義。這個被我們採詢的當事人就是個人。再如我們遇到某一個政府要人，就可以探詢種種問題，而獲得種種材料，這也是個人。從這種情形看，個人在新聞的獲得上是如何重要，就可以明白了。我們要曉得個人雖是事實的主要成分，却也是新聞獲得的主要所在。

4　歷史的記載　我們獲得新聞，除了政府機關，人民的團體和個人，有一個不可忽略的所在。這個所在雖與新聞沒有十分重要的關係，可是有許多新聞却非靠它不行，這就是歷史的記載。我們假使不從歐洲歷史中先認識列強的利害，就不能看到歐洲大戰的眞面目。我們相信奧國皇儲的被殺是歐戰的原因，則我們始終看不出它和結果有什麼關係存在。奧皇儲之死是大戰的導火線，並不是原因，它的原因，在事實上是不大容易認識的，一定要去歷史上作一番考究，方能瞭然。又如某一位政府要人第二次上台，則我們不能注意到他過去的政見和行爲，而推測這一次的情形。因此，歷史的記載，便也是新聞獲得的所在。

總之，我們可以獲得新聞的所在，是政府機關，人民團體，個人和歷史。沒有這四個所在，則我們雖要新聞而無從獲得。

二，獲得者　新聞來源的所在，已經爲我們所找到，則我們怎樣方可以獲得呢？種種材料，它自己決不會走到我們這裏來，一定要有人去用種種方法將它獲得，這就是獲得者。獲得者是我們研究文字新聞中所不可輕忘的原力，沒有獲得者，雖有事實，也不會成爲文字的新聞。所以，我們在明白了新聞來源的所在之後，就要討論到獲得者。所謂獲得者，就是報紙或通訊社所用以探取新聞的人，這又可以分作三部來講。

1　報紙或通訊社所在地的專任的探訪記者(Sear h-Editors)。這種記者的責任，是在於受主事者的指揮而搜求種種材料，並且要把所得的材料製成原稿。某一個地方有重大問題發生，他就得被派赴指定的地方去活動。他們是報紙或通訊社組成人員中的重要者之一，因爲有大多數的新聞是他們活動的結果。

2　非報紙或通訊社所在地而特派常駐某地的通信員（CorresPondents)。這種通訊員的責任，是在於用最靈活的手段，探探得這地方的事實，用最迅速的方法，報告給報紙或通訊社。其於材料獲得後所製成之原稿，用快郵或電報遞給，因爲非此不能增高新聞效率。

3　報紙或通信社所專任及特派的人員以外，還有自動地供給材料的人，他們也會想各種方法去獲得材料而以相當的代價售給報紙或通訊社。在報紙或通訊社，有這種人的幫助，普通材料，總可不致於缺漏，而遇有他們的簡單報告，則可更派專員去作詳細的探索。不過對於這種供給的材料，有應該注意的就是錯誤，攻擊或恭維及宣傳的三點。

總之，新聞材料，是要靠上述的獲得者而後可以製成新聞。

三，獲得的方法　新聞來源的所在既已知道，而獲得這種新聞的人也有了，可是用什麼方法獲得呢？對於新聞，不但只是獲得，而且要完備的獲得，這就更非有方法不行了。沒有方法而只有那個所在和獲得的人，還是沒用；這些獲得者還是不能得到新聞。

獲得的方法怎樣呢？一，談話。我們不能否認談話所得的結果，是新聞獲得的方法上的最有效的。無論什麼事實　只要和當事人談話，其真相總容易明白。不過談話也應該因事因地而有所改變。和有資格有聲望有學問者的談話，自不能用之於工人農夫。詼諧的談話有時可以探得重要材料，而只好用之於平日好談諧的人，却不能施之於莊重的人。談話的資料也不能不酌量，在這個時候這個地方可以提出怎樣的問題；換一個地方換一個時間，就不宜於這一個問題了。而且，有些時候有些地方，宜於明白的探問；有些時候有些地方却又宜於暗示，使對方的人受了我們的發問而自然地透露出某種答案來。更有時在不重要的談話中，還可以得到意外的新聞。

二，文件的注意。談話是最直接而有效的方法，同樣重要的，就是各種文件的注意。政府機關，人民團體的種種公牘統計調查，是文件，我們要注意；個人的文章通信等，也是文件，我們也要注意；就是廣告招貼，甚而至於路上的字紙，都是文件，都可以供給我們許多材料，或者可以供給我們材料的獲得的門徑。我們要曉得，新聞來源的所在，雖如本節最初之所述，但不過是指其中的最重要者而言，除了這些所在，如此廣大的社會，當然還有許許多多事非

這些地方所可 獲得的。所以我們對於任何文件都得注意。進一步說，凡是目所能及的一鱗一爪，我們都不要放過。

三，推測。要想獲得新聞，不但這些獲得者要長於談話，耳目靈活，而且要俱有一副冷靜的頭腦，一種科學家的精神。爲什麼呢？因爲有時並不是簡單地靠了談話和文件就能得到新聞 ，還必須要加上推測的功夫。好的新聞獲得者，往往能把未來的結果預先推測出來，等到某一個時期，那結果竟會和推測相符合。並且有些新聞非加上推測不能說是完全的；有些新聞，無從找人談話，無從得到文件的參考或指示，就只有靠推測，如果這個推測者長於分析，精於觀察，其推測的新聞，竟會與無從着手探詢的事實完全脗合。

總之，獲得的方法，其重要的不外乎下列的諸端。

現在，我們總括起來可以得到一個結論：新聞是由於某一個地方，經過某一個人用某一種方法而獲得的，這就是新聞的來源。

四　新聞的形式

對於什麼是新聞這一個問題，可以說，我們已經有了一個概念。可是新聞是什麼形式呢？我們現在所研究的新聞，是文字的，不是口頭的；是報紙上揭載的，是通訊社傳達的；而不是少數人傳說的。那末，這種文字的新聞，當然有一種形式。如何能促起讀者的注意？如何能使事實毫不遺漏？如何使新聞迅速而簡明？這些問題，就都要因形式而後發生作用。

新聞的形式，普通都分作下列數類：

(一)電報　這是任何報紙或通訊社所不可缺少的。為什麼呢？因為，我們如果要報紙或通訊社的發達，就不能不要讀者的信仰。讀者雖然是大多數盲目的，雖然不能認識新聞的原因與結果，真確與謠傳，但却有一種共同的心理，那就是消息的迅速，最好什麼時候發生的事實，報紙或通訊社就在什麼時候報告出來。如果這報紙或通訊社能相當的滿足他們的希望，就自然而會使讀者發生信仰。然則，讀者的這種希望，可以用什麼方法來使之滿足呢？唯一的就是電報。電報，是新聞的第一種形式。例如某處發生了重大問題，某處的通信員得到這項消息，立刻把所有的材料，從專用的電線，報告給報紙或通訊社。在得到這項材料之後，就用最敏捷的方法使讀者知道。（這只能是一種概念；詳細的報告，是必須用文字敍述的。）而且，讀者對於新聞，大概總是想先得得「如此」兩個字的滿足，進一步，始有「爲什麼如此」及「如此將怎樣」的問題產生。根據這一點，電報也是最適當的辦法。

（二）敍述　新聞的形式，日常採用的，除電報外，就是敍述。所謂敍述，就是把某項事實，作一種系統的報告。換言之，就是把所有的關於某事的材料，用淺顯的文字組成一篇紀事文。一篇好的敍述新聞，我們決看不出它有什麼遺漏的地方；是凡關係這新聞的材料，是都被運用在簡明的文字裏的。近代報紙或通信社，要獲得讀者的信仰，不但要使消息的敏捷，而且接着就要有一篇詳細的敍述。我們也可以說，電報的主要作用是在於使讀者先得着一種概念。概念的需要是第一步，讀者在有了概念以後，當即，就曾有第二步的需要產生。需要什麽呢？需要事實的詳細情形，需要事實的內容。所以這第二步的需要，也就是需要敍述新聞。

敍述新聞之中，還可以分作二類；第一，是評論新聞。這是一種有力量的形式，通常用這種形式來敍述的，大概總是有特殊意義的事實。在敍述的文字中，明顯地含有批評的語調的，就是這一類的新聞。因爲我們要是在新聞之外另寫一篇評論來批判它的是與不是，在功效上說，遠不及評論新聞。我們曉得讀評論的人大概有二種，其一是有目的的，讀了以後，是要在腦子裏經過一番遲疑的。這種讀者，自然大多數是知識階級的人物，他們不肯驟然信任記者的話，一定要經過一次評論，我們可以稱之爲評論之評論，方肯下最後的決定。

另一種讀者是無目的的，他們對於評論並沒有什麼必要的需求。所以他們雖讀了評論，却並沒有什麼印象。但我們應該明白，報紙或通訊社，雖是供給新聞的，不過，還有一種更大的使命，就是要設法指導讀者認識新聞。其方法，就賴於評論。前面已經說過，評論的讀者有二種，可是第二種却佔有社會的絕對的多數，那末有什麼辦法呢？我想除了評論新聞是沒有別法可以補救的。然而也不能凡是敍述新聞都是評論的，因爲很容易使讀者失去信仰，他們會誤認這些都不是紀實，都是記者的主觀了。

第二就是記事新聞。這一類形式，除了告訴讀者以事實的眞相，決不會有其他什麼作用。而且這一類形式所用的文字，差不多沒有什麼藝術的修飾，只是一個「清通」。除非事實的本身是可以引起興味的，那末，讀者如果多讀了這類敍述，就會感到枯燥。因此新聞文體是否要含有藝術質的問題，也成爲「新聞問題」中的一部了。

（三）記錄　這種形式，除了機關團體以外，別處是不會用到的。也可以說，這種形式是機關和團體所特定的形式。報紙或通訊社，所以要採用這類新聞，有兩個原因：第一，可以使社會知道這個機關和團體的精神與工作；第二，可以從這種記錄中尋出線索，而作爲採訪的門路。所謂記錄，就是議決案之類的東西。嚴格地說，它也可以歸納在敍述新聞裏；不過它還有它的特別功用，不論是在報紙及通訊社方面或是讀者方面，所以有把它獨立說明的必要。

（四）表格　新聞形式中，還有一種是我們不可不注意的，這就是表格。表格爲什麼也是新聞呢？我們前面已經說過新聞是由於事實及文字等要素集合而成，怎麼表格也是新聞了呢？我覺得這並不是什麼難明瞭的事情。凡是表格，要沒有一件事實做對象，它是不會發生作用的。我們有一張進出口生產物的調查表，一定在事實上，生產物的進出口情形是如此。假使我們對於生產物進出口不明白，則雖有表格，也還是沒用，因爲我們使用這種表格，是要知道它的數目，以觀察經濟界的狀況。所以凡是表格一定是有事實爲對象的，而且可以從這件事實的調查，還能認識別一種現象。至於文字，那更不生問題。凡是表格，可以說，都要一種文字的說明，而且在這個說明中，一定要設法使讀者對這類表格注意，這已經牽及興味問題；再說 表格的揭載，更加上說明，則讀者對於壞的現象可以去減除，好的現象可以保存或發展；顯然地這又是道德的成分了。因此表格這一種形式，在新聞之中，也是有重大價值的。不過，現代的報紙或通訊社，對於它還少注意，尤其是中國，差不多滿目都是需要調查的現象，却見不到一種表格。我們還要曉得，表格是歷史資料最精確者之一，要是新聞學者不能有所注意，則新聞之歷史上的地位要受很大的影響。

上述四點，只是重要的形式。此外還有許多事實要用小說的體裁來描寫的，也有可以用戲劇的體裁來描寫的。總之，我們要觀察事實，以決定形式的採用。有些事實要迅速就不能不用電報；有些事實必須賴於敍述；有些議決案的記錄必要存在，有些却可以裁減；又有許多專質不用表格就不能得到精詳而正確的認識。新聞的形式是於新聞效率上大有關係的。

第三章　新聞事業的認識

一　新聞紙與通信社

新聞事業，只是一個空洞的名詞，它的實際狀態怎樣呢？我們討論一個問題，必須從實際上着眼；同樣，我們研究新聞事業，也就不能不注意它的實際狀態。空泛的理論，在科學上是不必要的。

研究新聞事業的實際狀態，很明顯地，可以看出它有二大系統。第一是新聞紙；第二是通信社。新聞事業是由這二大系統所構成；沒有這兩種實際存在的東西，新聞事業這一個名詞也就不會存在。所以研究新聞事業，換句話，就是研究新聞紙和通信社。

現在先說明新聞紙的性質，作用，以及其他的各方面。

第一，什麼是新聞紙呢？我們平時所稱爲報紙的，就是新聞紙（Newspaper）把獲得的材料，加以整理，印在紙上，以相當的代價售與讀者的，就是新聞紙。不過，我們現在說明的新聞紙只限於這一種，就是上述的情況再加上每日出版的一個條件；可是通常對於新聞紙的觀念却很廣泛。只要是定期發行的，不論半日，一日，三日，五日，七日（一週），十日（一旬），十五日（半月）或三十日（一月）出版，都是屬於新聞紙類。在這裏我們當有一個觀念，就是新聞紙應該以全社會爲對象。新聞紙是社會的，不是個人或階級的；是綜合的而不是分離的。那種特殊性質的出版物，既不是社會的，綜合的，其不是我們新聞學上所應研究是極明白的事。就是從構造上講，也和普通的新聞紙（爲我們研究對象的新聞紙）不同；從效率上講，也大有區別與懸殊的。這樣看來，新聞紙的範圍不是縮小許多了麼？我想，這並沒有什麼妨礙，而且事實上不能不如此做的。我們不怕它的範圍小，只怕它的意義不明白。以這二點來比較，我們只有情願縮小它的範圍而嚴定它的意義；不願爲了它的範圍而含糊了它的意義。

第二，新聞紙的作用如何呢？這一個問題因時代的進展而也有所不同。就是現在，我們也還是不能說它已經走到最高的理想的境界。所以我們只有根據過去，作一個簡單的說明。新聞紙的作用，從過去到現在，大概可以分作四個時期：第一期，所謂才子時代，這是新聞紙最初的狀況。在這個時候，沒有眞正的新聞記者；沒有稍完備的組織；更談不上技術。沒有新聞原理作基礎，沒有科學的認識，這是什麼新聞紙呢？只有若干文人名士，藉這個機會，抒抒情，遣遣興；一面飲酒，一面唱唱高調。議論天下得失，博一個憤世嫉俗的美名；其實何嘗能有一二人注意到實際的社會狀況呢？更漂亮的是在歌樓妓館中品茶飲酒，下筆就是千言，洋洋灑灑，說得官冕堂皇，眞是一唱三嘆，於是傳爲佳話。這就是第一期的新聞紙。實在，名之爲新聞紙，恐怕還有些寃枉。第二期就是津貼時代了。一般文人名士，雖然只是憑了主觀的好惡發爲議論，然有時也很可以使政府當局及社會人士驚慌。那時的政府與社會都是一樣黑暗，見到這種議論，當然要設法使之消滅，於是一方面盡力壓迫；另一方面就用金錢收買。因此，接着才子時代而到來的就是津貼時代。這種狀況，在目前的中國還沒有消除；他們的新聞紙上的所謂新聞，說不到眞理，說不到事實；也沒有宗旨或主張，只是一味的頌揚或貶毀。第三期所謂御用時代，是黨派機關的一種工具。他們以自己經營的新聞紙作爲發表政見的地方。雖然，在議論上脫不了偏袒，可是有時在消息上卻特別靈便，這是因爲他們的御用者本身的關係而有的現象。這種御用的新聞紙，現在也還很盛行，就可證明它還是爲時代所不可缺少的。我們看，任何國家中都有政黨，有政黨，就不能沒有這種新聞紙作工具；所以英美德法以及日本諸國，這種性質的新聞紙還有很多的存在。第四期就是現在極端盛行的營業性質的新聞紙。經營新聞紙的人，只是唯利是：他們不知道新聞紙的眞正目的，卻以之作爲營利的工具。他們所注意的只是廣告與銷路。所謂新聞，反是居於第二位的附屬物了。

綜觀上述，新聞紙的作用是如此。但究竟這種狀況對不對呢？都不對！因爲新聞紙是一種社會的產物，不但不應該如第一期的不顧客觀事實；也不應該如第二期作一種賣笑者式的經營；也不應該如第三期有黨派的色彩；更不應該只注意於營利。它的眞正作用，是在謀全社會的公益。

最後，我們可以把新聞紙和別種出版物作一個比較。

出版物，就是有宗旨的定期或不定期的印刷物。書籍是印刷物，當然也是出版物，不過它卻不是我們所要拿來作比較的。我們現在所指的出版物，只限於有時間性而又有繼續性的刊物雜誌。不必說，書籍是不會有人混作新聞紙的；書籍和新聞紙的區別；一般人都非常明白。只有刊物雜誌，一般人卻誤會也是新聞紙類。不錯，我們從範圍比較大些的定期的刊物雜誌的封面上，常見到「中華郵政特准掛號認爲新聞紙類」的一行小字。是不是這就是可以證明它們是新聞紙類呢？我覺得這並不是證據。要有力的證據，應得從這種出版物的內容上觀察。中華郵政所以准予掛號而認為新聞紙類的，就是因為它本身並不完全是新聞。新聞紙的傳遞，在任何國家，尤其是民治國家，政府是特別給以優遇的，例如多少份以上可以享有總包遞寄的利益，什麼程度可以掛號立券等等，都是國家維護新聞紙的辦法。至於出版物，所以也有這種現象的緣因，我以為只在於這種出版物有一定的出版期，而且有繼續性又有相當的訂閱者這三點。內容是不是新聞？是不是完全是新聞？這都沒有重大的意義。這種出版物的發行期，少則三天，多則一月，這一點，顯然與新聞紙有所不同，因為新聞紙普通總是每日發行的。次之，新聞紙是博大而無所不包的，一切社會現象，一切人生的活動，不必論是思想或行為，都是它的原料；出版物呢？我們可以看到不是專門為了某種特殊目的的，就是只為某一方面的事實作歷史的敘述，這就是第二點不同。就是在內部的組織上，出版物和新聞紙也是不同。

出版物是什麼？新聞紙是什麼？觀上述，一定有一個分別的認識。

既對於新聞紙有了普通的觀念，則對於新聞事業另一系統的通訊社，也不能不有相當的觀念。現在就爲它作一個簡略的說明。

本來通訊社並沒有獨立的生命，它是因了新聞紙的材料需要供給而存在的。它沒有直接的讀者，它不能向社會直接收取代價；它只把訪得的材料供給新聞的揭載或給了新聞紙以某項問題的簡單報告，新聞紙得能循此線索以進行詳細的調查。可是現在的情形，因社會的進化，人民的需要，和從前大不相同。現在的通訊社也成了大規模的營利機關，也放了公意直接發揮的所在。它和新聞紙的關係，已從附屬的地位而抬高與新聞紙互相援助，互相爲因果。新聞紙的發達，固然促成通訊社的進展；而通訊社的進展，卻正是新聞紙擴充的原動力。

通訊社所司之責，在過去，只在供給新聞紙以新聞材料；而且範圍不大，也沒有左右時局的大力。可是到了現在，它不但只供給新聞紙以新聞材料，而且也把原稿直接訂賣與讀者，因此，它和讀者的關係，已經由間接進而爲直接的了。通訊社的進展，還不止此，它還有更大的作用在，什麼呢？就是通訊社已成了世界的事業，它可以用某種方法獲得國際間種種材料，揭載於新聞紙，就可以左右大局。爲什麼新聞紙有了採訪記者，還必須依賴通訊社呢？其原因並不複雜，只在於一個可以自由活動，一個限於地方的關係。新聞紙要發展，充其量，多設各地的分售所，而不能在各地設編輯部。但通訊社却可以張耳目於全世界，它在各地都可以設立分社，派最能活動的記者主其事，於是一切情形，一切秘密，都難逃過它們的耳目。新聞紙是不容易做到這一個地步的，無論是銷路或廣告，都足以給新聞紙以牽制。印刷的手續也極麻煩，所以這種活動，只有讓通訊社佔先一步了。因此，新聞紙和通訊社的關係，也就不能不因此而有更變，於是通訊社和新聞紙佔有相同的地位。新聞紙須依賴於通訊社的新聞供給，沒有通訊社，近代的新聞紙就大多數不能出版；通訊社有賴於新聞紙的代價，以作發展的援助。新聞紙和通訊社的相互關係就在此。

總而言之，新聞紙在於新聞的報告與指示；而通訊社却在於新聞的蒐集與傳遞。我們研究新聞事業，在現今不能只注意新聞紙，必須的，也要認識構成新聞事業的另一系統的通訊社；尤其應該明白它們二者之中的有機的關係。

二　新聞事業的責任

新聞事業是從事於新聞的蒐集，傳遞，報告與指示的一種事業。然而，它的責任就儘在於此麼？如果是的，則決不會成為現在的這種狀況。為什麼呢？這是我們可以從人口的統計和新聞紙的銷數統計上可以看得出的。人口和新聞紙的銷數成了一個什麼比例？只是這一點，就可證明新聞事業的責任決不會這樣簡單，一定還有更重大的為社會所屬望的使命在。假使新聞事業沒有它本身以外的更重大的意義，我敢說，所謂新聞事業，就不會在極短的期間中有如此長足的發展，而成爲全地球人類所不可沒有的精神食品。我們看，最早可以稱爲新聞事業的，是一六一五年德國所發行的週刊新聞；可以正式承認爲新聞事業的，是一六六〇年德國出版的Leipzigr Zeitung，到現在只有一百多年。要是嚴格地說起來，新聞事業之有完備的組織，還是十八世紀的事。這樣短的期間，而它，新聞事業有猛進的發展，我們除了尋出它的特別意義，要是僅僅在它的本身的具體工作上追求，實在是不可能。

我們要說，新聞事業，是一種社會的力量。社會不間斷地進化，一方面，也就不能不要求新聞事業的進化。所以，新聞事業的成立，雖還是沒有多久，而社會對於它的需要，却並不因爲它沒有多長的歷史而減低。

照一般的論調，以爲新聞事業有兩種責任：一是爲經營人獲得金錢的利益，就是純粹的商業上的買賣行爲；一是揭載新聞，發抒政見，想造成輿論，左右大衆的動作，專以公共利害爲歸宿。這兩種說法，顯然是反的，既然爲經營人自己獲得金錢的利益，就不能說是以公共的利害爲歸宿；既要以公共的利害爲歸宿，就無從爲經營人自己獲得金錢的利益。我們曉得經營人所獲得的金錢的利益，它的源來，是在於大商人，而大商人呢，却又是社會上的特種人物，是佔全社會份子中的少數的特種人物，那末，經營人爲了要獲得利益，就不能和這些大商人有什麼衝突，這種現象，要謀公共的福利，是怎樣可以做得到呢？反之，要爲經營人自己獲得金錢的利益，也是一樣地做不到。

我以爲新聞事業的責任，不是新聞的蒐集，報告，傳遞和指示，這却是它要完成它的責任所必要的工具。也不是只在爲經營人獲得金錢的利益，這却是新聞事業的走錯了路的表現。至於一般人的第二種說法，可以說只見到它的一面，而不曾認識它的全部。

然則，新聞事業的責任是什麼呢？

1 新聞事業的第一責任是在於指導潮流。
2 新聞事業的第二責任是在於監督政府。
3 新聞事業的第三責任是在於改進社會。
4 新聞事業的第四責任是在於創造思想。
5 新聞事業的第五責任是在於傳播文化。

今日的世界，是一個什麼世界？是不是利害紛爭擾攘到了極端的世界？一切情形，都呈現非常紊亂而不安；每個人的心理上，都存着了一種恐怖觀念。我們曉得人類都要求生存，但在今日的這種狀態之下，人類的生存，是不是發生了問題？人類的活動，是爲生存而活動；因爲有生存的活動，於是始有種種社會現象的發生，新聞事業，可以說，它本身也是一種社會現象，但它却有一個特點，它沒有別種現象爲實質，它就不能健全，而且根本就不會成立。所以它必須要了解種種活動種種現象，有一個原動力。這個原動力是什麼呢？就是人類的生存。因此，它應該指導人類如何生存，以及因生存問題而發生的活動，應如何方是正軌，方不致走上岐途。這就是指導潮流，這就是新聞事業最重要而偉大的責任。

次之，所謂監督政府。政府是什麼？為什麼要監督？要答覆前一個問題，我們就得先知道政府的性質。政府，有立憲政府，人民政府，代議政府等等的不同。第一，立憲政府，是依照法律原則而行使職權的政府，它的構成，必須具有兩種要素：一，有獨立的司法機關，保障人民法律上所規定的權利；二，所有的行政官員的權力，只是在法律規定的範圍以內發生效力。第二，人民政府，是根據於人民的公意而執行政權的政府。它的構成，有下列的數點必須注意：一，真真的公意；二，公意必定要是很好的用意；三，真確地表示公共意志的機關；四，執政者應該服從真確的公意；五，完備的行政機關。第三，代議政府，是因為各國的土地廣大，人口稠密，問題複雜，事實上由全體人民直接執行爲不可能而產生的一種制度，是由人民選舉出若干代議士組織參議院和衆議院來議决種種事務，促國王或君主執行的政府。我們已經認識了政府，就可以進一步來討論爲什麽要監督的問題了。第一，在立憲政府的國家，人民不能不注意到自身在法律上所規定的權利，政府有沒有保障，或者竟要侵害；也不能不注意那些行政官員有沒有非法的舉動。第二，在人民政府的國家，我們不能不看着政府究竟有沒有爲人民謀幸福？人民的公意能否伸張？執政者是否能服從人民的公意？第三，在代議政府的國家，我們就要看到這些代議士是否眞正代表人民？他們議决的法律，是不是完全基於人民的福利？這許多問題，都需要監督，我們要政府是保障生存，所以必需要監督政府注意到人民的幸福。新聞事業是因社會的需要而存在，它是代表公意的發抒機關，所以它必定要負起監督政府的大責任來。而且新聞記者和政府最接近，政府的一切行動，都逃不了記者的耳目，因此，新聞事業是可以在監督上發生種種功效的。

新聞事業的第三種責任，是在於改進社會。從表面上看，這一種責任似乎有些誇大。改進社會豈是一種新聞事業做得了的？一定要各方面的努力始有成功的希望。當然，我們要社會的改進，一定要社會有均衡的改革和進步，一定要各方面都有同等程度的改革和進步。

我們不要社會有跛行的現象；我們不要社會成爲一種畸形的組織。爲了此，我們必須全社會的總動員，纔有實現的可能；否則，就不會有圓滿的效果。在理論上，新聞事業，它本身就是社會的一種現象；要社會改進，它只可以求其本身的改進。但我們要明白，一種事業之本身的改進，不會就是社會的改進；而社會的改進；一種事業的本身却也不一定就會改進。所以社會的改進，總要各方面都有改進。然而，事實上怎樣呢？新聞事業是社會的事業，新聞事業和社會的各方面都有直接的關係。並且，所謂改進社會，在新聞事業，不過是促動的意思，不過是站在最前面發動的意思。因此，我們從它和社會的關係上說，從社會改進在新聞事業的意義上說，這個責任，新聞事業也是逃不了的。我們知道社會的改進，決不是架空的事情，決不是自動的，它一定要有人看出這社會的缺憾，並指示出這種缺憾方可。這就是新聞事業所負的改進社會的責任。

復次，新聞事業應該負着創造思想的責任的緣故，也是我們所必要知道的。什麼是思想？簡括地說，思想就是對問題的認識。那末，創造思想，又怎麼解呢？就是要我們對於每一個問題，有正確的觀察和研究。所謂觀察，所謂研究，都是思想的作用。思想不是毫無根據或原由便會發生的，它一定要在有了客觀的事實的問題，而又主觀的認識以後，方會發生。所以思想之成立的條件，是在於問題的發生，是在於既發生而又被認識的問題。有時，雖然問題已經發生，但却沒有被認識，這時的問題就還不是成爲問題的問題；人類之成爲問題的問題，是既已存在而又被認識的問題。然而，問題如何會被認識呢？這就是思想的作用，這就是觀察和研究的結果。根於這樣的解釋，新聞事業在這方面應該負起責任來是無從推諉的。新聞事業既要指導潮流。既要監督政府，既要改進社會，就不能不創造思想。沒有正確的思想，沒有精速的認識，對於事實上的問題還不能了解，就無從指導潮流，無從監督政府，也就無從改進社會。同時，新聞事業是必要讀者的信仰，方可發揮它偉大的社會的效力，因此，對於創造思想，對於任何一個問題精銳的觀察，深刻的研究，是不能不十二分注意的。

最後，我們要一談新聞事業之傳播文化的責任。文化這二字，通常是很容易見到的，我們也曉得所謂文化就是語言，社會組織，宗教及藝術等等。一個民族，就有一個民族的文化，就有一個民族的語言，社會組織，宗教和藝術等等。民族的進步與否，只要觀察和研究這民族的文化是否進步就可以斷定。然則，新聞事業為什麼要負有傳播文化的責任呢？因為文化的進步，直接地就可以促成社會的進步。現在任何民族的組合分子，能夠認識自己民族的文化的，恐怕只是少數的學者；至於一般的大衆，根本，他就不會認識，也不要認識，而且無從認識。這樣的狀況，要社會的進步，恐怕有所阻礙吧！新聞事業是每日必定要和大衆接觸的，它是大衆所需要的，所以傳播文化這一個責任，要新聞事業來負擔，眞是再適宜沒有的了。而且，現在世界的大勢，已經打破了狹隘的國家主義走上世界的結合之途，這尤不能不使各民族的分子認識各民族的文化之世界的調和的趨勢不可。十九世紀末期以後，新聞事進，也已進而爲世界的了，因此，它不但負有傳播民族文化的責任，而且有介紹別一民族的文化的責任；各民族的文化若都能取長捨短，則世界的最高的文化可以在較短時期中放出光輝。

綜觀上述，我們可以看出新聞事業的責任，是如何艱深而巨大！它是社會進化的最大的力量，它是人類文明的唯一闡揚者。我們千萬不好當它只在報告一些消息，應該了解它的神聖的責任。一般人的誤解新聞事業，有大部分的原因，是在於新聞事業的責任爲他們所不明瞭。如果人人都正確地認識新聞事業的責任，我相信不但不會誤解，而且一定會羣起而謀新聞事業的發展。

三　新聞事業底社會的價值

社會的進化，在某種意義上，必須有賴於新聞事業的進化，這一層，其理由可以從上一章見其大概。如此，則新聞事業俱有一種社會的價值，可無疑義。我們明白了它對社會所負的種種責任，其因之而獲得價值，亦必定要爲我們所知道。我們應該從它本身和社會的不可分的關係上，認識它的價值，這就是新聞事業之社會的價值。這一部分的說明，也是不可省的工作。

關於新聞事業之社會的價值，我以爲可以分作下列四點：

一　人民公意的代表

二　最有效的教育

三　社會的公共的組織

四　道德向上的指導

第一，任何一種形式的社會組織，必定有共同生活的分子；沒有這種分子，就不會有社會組織，無論這種社會組織是國家的或是民族的。人類是社會的動物，從現代看起來，人類要不是經營共同生活，可以說，就不能生活，所以凡是人類所定居的地方，就必定有社會組織。社會的組織，其最初狀態，是簡單的兩性結合；由兩性的結合，發展而為家庭；更由家庭，進而結合為一個部落；由部落就進而成為民族的國家。現代社會的組織，就是民族的國家，在國家形式之下經營共同生活的分子，就是人民。既然人是共同生活的分子，是社會的動物。則其個人生活不能違害共同的生活可知。無論什麼事，什麼地方，總有一種共同的意見，這就是所謂公意。我們曉得執行公意的機關是政府，但發表公意却應用什麼方法呢？這就是新聞事業的第一項社會的價值了。

因爲新聞事業是因社會而存在的，它是促社會進化的，所以它就不能不注意社會的公意；所謂社會的公意就是人民的公意。它要社會有長足的發展，就不能不代表人民表白意見。從另一方面說，現代人的生活，是不能離了國家這一個形式的我們要考察一國的人民思想及文化如何，其唯一的方法，就是觀察這一國的新聞事業的任何形式，都可以告訴我們一般的國民性，以及這一國的人民對種種問題的種種主張和態度。雖然，新聞事業，在事實上並不能有上述的現象，而有時幾種報紙或通訊社各持一種意見的，這又怎麼說呢？關於這一點，我們只要觀察個人的心理，就可以釋然。無論一個什麼問題，各人總有各人的見解；有時因了環境關係，或某一部分的公共利害關係，則某一環境以內的人，或某一部分有公共利害的人就會有一致的意見。所以代表人民公意的新聞事業也是如此，它因了立足的不同和觀察的不同，自然不能有舉凡報紙或通訊社的意見都一致。或者因了國際上的問題，因爲現代的社會組織還是國家形式。因之這一個國家的報紙或通訊社雖在別的問題上有不同的意見，但在國際的問題上却也會有一致的論調。我們不能說某一種意見是人民的意見，而另一種却非是。可是我們却好說，無論那一種報紙或通訊社，只要它代表的人多，它的社會的價值也就更大。

第二，人類都有生存的慾望，要滿足這種慾望，就得不間斷地追求。怎樣追求呢？唯有先獲得新的知識，新的經驗，而後可以有滿足慾望的可能；因此之故，人人心理中，都存着一種新知識新經驗的要求。換句話說，人人都希望永久地受着生活的教育。但我們知道，通常的教育，只是指學校教育而言，可是學校教育有畢業的期間，而且有課程上的限制；則畢業以後，就無從再受教育，除了課程以外，其他還有許多智識就不能求得。我們試問，在某一時期中所受的一部分課程的教育，是不是能應付社會的環境呢？社會是一種龐大而又複雜的組織，決不是學校教育所受的有限的知識所能運用，所以我們承認學校教育是基礎教育，是求更新的知識和獲得更新的經驗的預備室則可，要說是在學校畢業以後，就已求得人生全部知識却不可。然則，學校教育以外，還有什麽可以供應我們新知識的要求呢？有，就是新聞事業。它以各方面的消息，各種趣味，各項實際的利益以及一切人生問題的答案，每天供給人類，沒有間斷。它既沒有如學校中的課程上的限制，又沒有畢業的時期，從幼年識字時起，可以一直到老死，一時一刻，都在給人類以最新的知識。學校教育，不過求得知識的一小部分；而新聞事業的教育，卻是人類社會日日發見的新事物，成功的或是失敗的，都是事實，以事實爲材料的教育，其效果一定可趨於實際。而新聞事業永遠指導着潮流，所以它的教育，又是最進步的。人類要是在學校教育完了之後，不知道求更廣泛的人生教育，生存條件就不完備。我們生處於這個社會之中，對於這個社會就應有相當的認識，這種能力，只有每天不斷地受着新聞事業的教育而後可以養成。人類不能離開社會，而社會又是隨時代不斷地進化的，所以我們對於時代也應有明白的了解；要了解時代，只有洞悉世務；而要洞悉世務，又必得求諸新聞事業，因此，假使我們不能知道新聞事業之教育的功效，不去和它接近就不能洞悉世務，不能洞悉世務，對時代就不會了解；不了解時代，就是落伍者；落伍者在今日的生存競爭激烈的世界上，要滿足生存的慾望，無異於緣木求魚。總之，新聞事業之社會的價值，其第二點，可以依上述的理由而明白。

第三，我們知道着重事實和信奉眞理，是新聞事業的緊要條件，要把這兩點做到，必定要以社會的意志爲標準，決不是從事於新聞事業者的個人或團體因了自己的或少數人的感情利害而左右的。新聞事業之所以不能爲人作宣傳機關，所以不能專以營利爲目的，就是因爲它定要合乎社會全體的意志。我們要識別這一種新聞事業的價値大小，就只要看它是否能着重事實，信奉眞理，也就是要看它是否顧到社會的意志。新聞事業是社會的公共的組織，它雖然由於一人或少數人創辦，但實際上就等於社會全體所創辦；因爲這創辦者的一人或少數人，並不能因爲自己是創辦者，而就不顧社會意志；既要顧到社會意志，就不是一人或少數人的機關，而成爲發表社會意志的社會的組織了。根據此點，不論是社長的意見，不論是主筆或記者的評論；不論是社外的投稿；只要一經披露，就對社會負有一種責任，所以必定是求其公平正直而無所偏倚，它一定要着眼在社會的利益之上。進一步說，新聞事業的經營，雖有社長，主筆，股東，記者，社員等等，和別種營業組織沒有什麼大差別；但表面上雖相似，而實際上却大有不同。別種營業的組織如銀行公司等的經理，他只代表股東謀自身的利益，而新聞事業的經營者却必須爲社會謀利益；雖然爲社會謀利益，也就是爲股東謀利益，但爲股東謀利益却並不就是爲社長謀利益。何況近代資本勃興，要爲社會謀利益，有時還會和股東相衝突，因此，可見新聞事業的股東，和別種營業組織股東也有不同了。新聞事業的股東不能要求一己的利益，却只好在求得的社會利益中，享受一般的利益。新聞事業的股東，不過是代表社會而出資，並不是他自己來從事於此的；因爲在事實上，不能使社會上人人都一齊來辦這種事業，必定要少數人的假手方可。所以我們也可以說，所謂社長，主筆，股東，記者等等，都是受了社會的委託而担任的一種職務。並且新聞事業如能注意社會的利益，大多數人自然而然會集中他們的信仰與同情，於是一言一語都可獲得效果，而威權因以確立；聲價也就增高；銷數和廣告也會附帶地推廣和豐富了。總之，新聞事業是社會的，不是一人或少數人的，這就是它的價值的第三點。

第四，人類應該俱有一種道德的信念，這是我們所不能否認的。道德，就是一種精神生活的表現。精神生活在事實上是不能獨立的，爲什麽它也會成爲新聞事業的價值之所在呢？我們承認人類生活是以物質爲基礎的，人，根本就是物質；從前雖還有人主張人在血液，皮肉等物質以外，還得有思想等等方完全成立，可是自行爲學派心理學得着勝利以後，這一點完全打破，所謂思想等等，不過是腦，筋肉等的運用而已，所以還是物質的力量。物質是人類生活的基礎，而精神却是它的反映；沒有物質，是談不上精神的。不過，我們雖承認物質爲基礎，却也不能否認精神和人的關係。我們在得到物質的滿足以後，不能說生活已經完全，一定會要求物質以上的精神上的滿足，如安慰，名譽等。精神和人發生了關係，就隨着而產生了道德。我們不能爲了自己精神上的滿足，而任意去侵害別人。如果任意侵害別人，就會有鬥爭；鬥爭就會使秩序紊亂；這就是近代的所謂個人主義，所謂私有制度。要急去這種現象，就在於人人有一種道德的信念，也就是一種精神的表現。有了這一種道德信念就會不去侵害別人，也就不會有鬥爭，而社會因以得到和平。從現代的世界觀察，道德似乎空泛而無力的，但我們却不能因爲它這樣而就不去設法使他發生力量。新聞事業要顧到社會的利益，當然不希望社會有鬥爭擾亂的現象，所以它必定要指明人類生活之道德的要素，不但，而且要使這種道德向上的發展。社會上如果有了道德的行爲，新聞事業應該站在大多數人的利益上加以批判。我們所說的社會利益，或是全體利益，只是指大多數而言。大多數人的意志是如此，雖少數人反對，我們也應該承認是社會意志。如果違反這種社會意志，大多數的意志，就是不道德，就足以破壞社會的安定，這是新聞事業所不可不注意的。因此，新聞事業對於道德[illegible]上的指導，也是它的社會的價值。

新聞事業之社會的價值，由上述，我們就可以明白它的大小。因爲如此，所以從事於這種事業的人，必須努力做到這個地步，使新聞事業的價值不會因而減小，到要使它收實際上更大的效果。

四　對於人類生活的影響

人類和新聞事業的關係，由前數章所說明的各點，我們可以說，二者已絕對的不可分離了。新聞事業的責任，是對人類負的責任；新聞事業的價值是因社會而顯示的，所以新聞事業對於人類生活的影響，我們不能不加以相當的重視。

凡是人類相聚的所在，必定要有語言，互相傳達感情意見，這是我們無從否認的事。但，我們看，語言的效力，是不是只及於一時而不能傳之久遠？是不是只及於一地而不能用之於廣大的境界？當然，語言是被限制在時間與空間之下的，它不能把現在的事情靠口頭而貽給任何人，它不能在這一個地方說話使別處的人都能知道。可是在上古，社會制度還沒有發展到現在狀態，還是自給自足的時代，那是不要緊的，單是語言已經很夠運用；然而，社會制度已經有極大的改變，在形式上，現在是國家；但在實質上，無論是物質的或精神的，都已經趨向於世界化。一種影響人類生活的問題，不是只與某一地方的人有關係，而與全世界的人也有了莫大利害。這樣進步的情形，自非語言所能收效。那末用什麽方法能使各地的人都互相了解，共謀這大社會的福利呢？這就必要的，在語言以外，加上文字的幫助。文字怎樣來幫助呢？就是新聞事業做介紹人，做傳達的機關。因爲現代的生活，是一個大社會的生活；既然是大社會的生活，就不能不對於這個大社會有相當的了解。不過我們知道這個大社會不是由一個民族組織的，而是許多不同的民族的一種無形的結合。語言既不相通，就是風俗習慣也是各不相同，要大衆對於這大社會都能了解，當然是做不到的，因爲並沒有這種工具。自從新聞事業發達以後，這一種缺憾是沒有了。在現代，新聞事業之所以爲人類日常所必需的，就是這個緣故。我們看甲國人寄住在乙國的，他們人數雖然並不多，也必定要在可能的範圍中發行他們本國文字的報紙或通信稿，以爲傳達消息的工具。在乙國的甲國人，以這種報紙或通信稿，代表他們的主張和意見；並且報告乙國的消息給他們本國，以期甲對於乙國的認識了解。反過來，乙國人之在甲國的也是如此。例如英美日本諸國人在中國，在幾處大商埠及政治中心地，都有幾種他們本國文字的報紙，或是通信稿（對其本國用本國文字，如對中國傳播其本國的消息，也用中文稿）；我們中國人在他國的，也有這種情形。我們不論這種報紙或通信稿的內容和程度如何，新聞事業之對於人類生活的影響，我已經可以有了一個大概的認識。

此外，還有與人類生活的互相爲因果的四點，可以列舉如下：

第一，教育的普及與新聞事業的發達互相爲因果。人類爲什麼要受教育？我們可以回答說，要生存就必要受教育。人類沒有不要生存的，所以人類就都要受教育。教育的結果，是使我們人類識字，有謀生活的能力，有應付社會環境的手腕。假使我們不識字，就不能接受新思想，而且可以說就不會有思想，沒有思想，就是對於任何事不能觀察也不能研究。以這樣情形，要有生活的能力，是可能的嗎？即使可能，他的生活是不是可以充滿？我們不但要生活，而且還要充滿的生活；不受教育，生活還不能談到，從何談充滿的生活呢？就是應付社會環境，也一定是在受教育以後而能養成一種很好的現象。怎樣免去和人衝突？怎樣可以保持社會發展的均衡？我們都要受教育而始有相當能力。歸結一句，就是人類的教育必須普及。怎樣普及呢？新聞事業就是一個主要條件了。新聞事業的文字是淺近的，而且內容又是一切關係人生的知識；所以只要能每天不間斷地和報紙或通信稿接觸，也就是在不間斷地養成生活的能力，不間斷地養成應付社會環境的手段。所以要普及教育，就要發達新聞事業。然而，新聞事業的發達，必定要有識字的人；人怎樣能識字呢？只有人人都受教育。所以要發達新聞事業。也就要普及教育。凡是新聞事業發達的國家，教育也必定是及於大多數人的；反之，教育普及的國家，其新聞事業也一定相當的發達。

第二，交通的便利與新聞事業的發達互相爲因果。交通是人類社會必要的工具，這是大多數人都已知道了的。無論是個人的來往，信件的傳遞，以及其他一切社會事業。莫不有賴於交通的便利。前面已經說過，現代生活，已經趨於世界化，這一大部分也必定是交通便利的結果。這一國和那一國人民的互相往來，學術思想的介紹，感情的聯絡，要是交通不便利，這些都是不大容易做到的。所以交通的便利，實在是人類生活不能不有的要求。交通如何會便利呢？這就一定需要有人的鼓吹和對於政府的督促，這一點，新聞事業是義不容辭的。反過來說，交通一便利，則新聞事業在消息就格外靈通；並且輸送方面也就格外迅速，讀者也就可以在極短的時間中得到新聞的滿足。所以，一國的交通便利，新聞事業必定會發達；而新聞事業發達的國家，其交通也必相當的便利。

第三，實業的振興與新聞事業的發達互相爲因果。這一點，可以說與前一點是相似的。新聞事業（通訊社除外）所賴以擴張，所賴以維持，大部分是在乎廣告的收入。要廣告的收入多，必定要實業的振興爲條件；因爲實業不振興，登揭廣告的能力也就薄弱；如果登揭廣告的能力薄弱，新聞事業中的報紙就直接的不能有發展，而通訊社也就受有間接的影響。同時，因了新聞事業的發達，對於實業鼓吹力量也就大，那末，實業也就會更有振興。因此，一國的實業振興，新聞事業就必發達；而一國新聞事業的發達，其實業也就更振興了。

第四，政治的修明與新聞事業的發達互相爲因果。一國的政治修明，對於新聞事業必定能有適當的保障；對於人民的言論，必定與以自由，於是新聞事業在法律上有了穩固的基礎，就可以盡可能的發展。新聞事業有了發展，則對於政府，就必能更盡監督的職務；對於國民，也就必更會盡其指導的責任。因而政治就會更有精神，更能爲社會謀一般的福利；國民也就會更有知識，也就會認識他們本身的責職。所以，政治修明的國家，新聞事業就必發達；而新聞事業發達的國家，其政治也必定不會是腐化的。

新聞事業對於人類生活的影響，是非常偉大的。只要明白人類不能離羣而生活，並且具有新知識的慾望和對於社會的維持的觀念，而又有一種社交的特性，就可以知道新聞事業在人類生活中的重要。人類一定要用種種方法互相發抒他們的情意，以及各項消息，這只有求之於新聞事業。總而言之，我們要認識人類生活是直接受有新聞事業的影響。在今日的狀態之下，我們老實可以承認，人類除了飲食與性慾二大需要，還有一種新聞事業的需要。

五　獨立的精神

關於新聞事業的態度問題，是近來新聞學上所最難解決的。一派主張新聞事業應該是沒有態度的態度；另一派主張有態度的態度。究竟誰是誰非，我們很難憑主觀的見解來決定。怎麼樣呢？要是不把這一點解釋明白，新聞事業就永遠不會被人了解。我們現在可以把兩種絕對相反的意見，觀察一下，然後來站在新聞學本身的地位，給它一個結論。

所謂沒有態度的態度，就字面上看，是很不容易認識的。既然是態度，為什麼又會是沒有態度呢？態度可以說，凡是人類，大概總是有的。對於某一個問題，這一個人表示正面的意見，就是這一個人的態度；那一個人表示相反的見解，就是那一個人的態度；另一個人不表示主張，也就是另一個人的態度。我們能說第一和第二兩人是有態度的表示，而第三人是沒有的麼？當然，態度的成立，一定要有對象的需要；沒有對象，就沒有對象的需要；也就沒有我們的態度。新聞事業是有對象的，而且它的對象是複雜至極的種種社會現象。既然它是有對象的，這個對象就對它有需要，需要它的態度，所以新聞事業始終是有態度的。例如某一家工廠給工人以種種壓迫，工人不得已而要求社會的援助；這樣一件事，新聞事業能沒有態度麼？無論你是站在社會主義的立場，給工人以種種好意的援助；無論你是站在個人主義或資本主義的立場下什麼批評；也無論你是站在社會大多數人上的利益，這一點上說話，總不能說是沒有態度。然則，沒有態度的態度又是什麼呢？簡單地說，沒有態度的態度，就是不偏不倚，唯以社會爲標準的意思。

就以前例來說，抱沒有態度的態度之新聞事業，它不能抹殺工人的種種被壓迫的事實而給廠主以聲援；它也不能不明白調查廠主方面的實際狀況，而觀察工人方面提出要求。它要說明廠主若不根據自己的實況而相當給工人以優遇，工人就會罷工；廠方因之而沒有出品，社會也就會起一種不安現象。它也要說明工人若不顧廠方的實際狀況而提出事實上做不到的要求，廠方就會因之歇閉，而工人也就立刻會感失業的痛苦，不用說，那些提出來的要求，也將無從實行了。社會上有了失業者，決不是社會的利益；社會要人人有工做，社會要各方面的調和而維持它的均衡。新聞事業應着眼在這一點上，不應該只顧廠主，而不給工人以可能範圍的利益；也不能只顧工人的利益而忽略廠方的能力，終而連可能範圍以內的利益也得不到。如果工人的要求，是廠方可能實行的，那末，新聞事業應該援助工人，就是不可辭的責任；如果工人已經把提出的要求讓步到廠方的可能範圍以內，而廠方仍不接受，那末，新聞事業應該抨擊廠方，也是應該盡的義務。因爲不是這樣做，廠主和工人固然都得不到好處，而社會也蒙受很大的損失。所謂以社會爲標準，是這樣；所謂沒有態度的態度，也就是這樣。新聞事業怎能沒有態度呢？不過這個態度不應偏於一方罷了。

我們認識了沒有態度的態度之新聞事業，對於相反的那有態度的態度之新聞事業，也就有一個概念了。沒有態度的態度，是以社會爲標準；則有態度的態度，是以一方面的利害爲標準，也就無可疑義。仍以前例來說，絕對承認工人的一切行動爲不錯而認廠方都錯，這就是只顧工人一方面的利害，是有態度的態度；絕對地承認廠方的一切行動都不錯而認工人方面爲錯，就是只顧廠方一方面利害，也是有態度的態度。所以有態度的態度就是不顧實際上的可能不可能，不顧社會的均衡的秩序，而一味地擁護一方面的利害的態度。

假使新聞事業所抱的是有態度的態度，至少可以得着下列二種結果：

第一，作個人的工具。

第二，作黨派的機關。

新聞事業之不能作個人的工具，我以爲無須解釋；新聞事業之不能作黨派的機關，這又何須說明呢？兩者的理由，都在於不能顧全社會這一點。只謀個人的利益，自然沒有社會的價值。但如果新聞事業援助資本勢力，則容易受資本家的利用。反之，只謀一黨一派的利益，也沒有社會的價值。可是如果新聞事業援助某一部分的勢力，也就容易受某一黨某一派的利用。總之，新聞事業抱了有態度的態度，在本身說上，是有失去它本身的意義的；在效率上說，它更容易失去它應有的獨立精神。

綜觀相反的二說，一是顧全社會的；一是不顧全社會的。但新聞事業是一種社會事業，它和社會的各方面都有關係；而它又負有促進社會的進化和道德向上的發展的義務，其應顧全社會，不應只顧及一方的利害，這是無從否認的事了。所以我們要是站在新聞事業的本身方面說，應該承認前者而反對後者；就是承認沒有態度的態度，而反對有態度的態度。

在理論上，我們所得的結論是沒有態度的態度，強於有態度的態度。但事實上，要怎樣方能做到呢？換句話說，我們應該怎樣來保持這種獨立的精神呢？這一點，我以爲有兩方面：一是要從事斯業的人，認識它本身所具有的意義；二是要有用人而不爲人用的能力。

關於第一方面，要是從事於新聞事業的人不明白它的意義和責任，就根本上談不到沒有態度的態度，談不到獨立的精神。因他不明新聞事業的意義和責任而來從事斯業，當然就是他自己的特殊目的。不是在專謀金錢的獲得，就是藉之而攻擊他的反對者，或者是以此爲根據而和社會上某一部分人接近求得某種利益。簡單地說，這不但不是沒有態度的態度，而反是有態度的態度了。我們的結論，既是有態度的態度爲不成立，所以就得要從事新聞事業的人，能認識它本身的意義。否則，我們要沒有態度的態度，就做不到；獨立的精神，也就是一句空談。

從第二方面說，又可以分爲二層：

第一，我們從事於新聞事業，不能沒有資本；尤其是現代，一定要有很大的資本，方可收實際的效益。要資本，就不能要資本所有者的援助；既要這種人的援助，要是我們自己沒有用人的能力，就會被這出資者所用。資本所有者投資於新聞事業，他當然希望有所營利，而且要很大的營利，於是他就要設法使新聞的揭載和言論的立意都不能有碍於利益的來源。既要顧到利益的來源，往往和新聞事業的意義有所違反，這也是在所不惜。這種現象，就是我們不能用人而爲人所用的結果。我們要保持沒有態度的態度，我們要保持新聞事業之獨立的精神，其先决條件，就在於能用人而不爲人所用。

第二，我們的新聞事業，既抱的是沒有態度的態度，我們就要設法維持社會的信仰。然而這個信仰的維持，就也在於能用人而不爲人所用的這一點，因爲我們既是抱的沒有態度的態度，則社會上的各黨各派，都要設法來利用；在我們的全部意見之中，總有和某一黨某一派的意見相合的一部分，有時或竟是全部分。在這個時候，我們要不能自己把持，就會爲他們宣傳而使社會不信任我們的態度。所以我們無論在新聞的揭載上和言論的立意上，總要顯示我們自己的沒有態度的態度，而且要暗示出某一黨某一派的意見和我們相合的，並不是那一黨一派的獨特的見解，而是社會的見解。這就是我們不能爲某一黨一派所用，而且要用他們和我們相合的意見來證明給社會看。只有這樣，我們的態度方能始終明白，我們的精神，方能永遠獨立。

第四章 新聞機關之組織

一 新聞機關的作用與形式

從新聞構成的要素上，我們可以看出新聞機關的重要。機關，是一種有所爲的組織；所以在新聞學上，我們便不能忽略這一種新聞組織。

談新聞組織，先決條件，就是應該明白它的眞實的作用。

第一，新聞機關因應付社會而成立。新聞機關，就是報館和通信社的組織，它只在於採訪材料，製成原稿，歸納整理，印刷後售諸讀者，從這些事務方面看，只是它本身工作的運用，爲什麼會發生應付社會的必要呢？新聞是因社會而成立的，那末，多少總脫離不了社會的關係。既然有了社會的關係，有時就難免要和社會經過一種必要的手續。新聞本身並不曾具有生命，一定要經過記者的運用而後可。換句話說，它的社會關係，是因了記者的運用而發生的；那末，它和社會有時所必要經過的手續，在實際上，並不是新聞，而是記者。但我們知道新聞並不是一個人的事業，它必待於多數人的合作然後可以見精神。所謂多數人的合作，也就是這多數人和社會有了關係，和社會有時要經過必要的手續。然而，一種新聞事業雖要多數人的合作，却非有緊密的聯絡不可，因此也就非有一種有機的組織不可，根據此，應付社會，自然不是這多數人各自的事情，而是這整個組織的事情。而且任何新聞事業，不問是沒有態度的態度，或是有態度的態度，它自己總是一致的，所也它非整個的組織不足以表示。因此，新聞組織的第一個作用，是在於應付社會。

第二，新聞機關因統一指揮而成立。新聞事業是沒有一時可以休息的事業，它應對社會各方面不間斷地觀察着。可是一個人的耳目，其所及之地有限得很，於是必然的要多數人的合作，始不致有所疏失。近代世界各大報社或通信社的記者，常在百人以上，就是這個緣故。一家報社或通信的工作者既多，若不能有一致的論調，若不能有一致的行動；而呈出散漫的現象，則這事業的失敗，是可以預期的。因爲社會的信仰，完全是基於代表輿論這一點；假使一家報社的言論，在自身尚不能一致，又何代表民意之可言？而且因了消息的採訪，必要一種步驟，否則，任你怎樣活動，還是得不着門徑。所以要有一致的論調和行動，就得有組織，而且要嚴密的組織。假使這一個新聞組織是健全的，那末它的工作就會緊張，精神也就必定振作；並因了指揮的靈便而又統一，消息就會迅速而正確，於是社會信仰就油然而生。因此，新聞機關的第二個作用，是在於統一指揮。

總而言之，新聞組織的作用第一是對社會的，第二是對本身的。

明白了新聞組織的作用，我們就可以進一步論它的形式和其中相互的關係。

報紙組織，大概普通都分作兩個系統：一是編輯，一是營業。至於局部的配置，就必須看實際上如何工作而求相互間的啣接。

第一，關於編輯方面的：

1. 外交記者
2. 原稿製作部
3. 調查部
4. 編輯部
5. 電報電話部
6. 校對部
7. 寫眞製版部
8. 排印部

第二，關於營業方面的：

1. 發行部

2. 會計部

3. 廣告部

在上述的兩個系統之上，就是社長，以處理全體的事務。現在我們可以把兩方面各部的關係，說明如次：

新聞的來源，當然是靠了外交記者的活動；沒有外交記者，新聞機關的組織任是怎麼嚴密，還是不能運用。外交記者獲得材料之後，一定要給原稿製作部把瑣碎的材料製成系統的文字；在這個時候，當然不能說是一切材料都已經完備，有時必要作更詳細的調查方可，所以調查部在這時就顯得特別重要，它應想最適當的方法，從目的地去探得所需要的引證。原稿製成以後，就交到編輯部去整理。但任何新聞事業，除了本地的外交記者的活動以外，在各地都派有通信員，或者用電報，或者用電話，報告材料。於是乎必要的設立電報電話部。從電報電話中繙譯或記錄的原稿，也就交編輯部去剪裁歸納。及至稿件整理完了，就交到校對部錄標題，算字數，註明版位；再送到排印部去排印；既排成，就又送回校對部改正訛字或遺漏，這部工作做完，由排印部送到寫眞製版部製成紙版，然後再取回排印部印刷。這時編輯方面的事務已經完了，其從排印部印出的報紙，就由營業方面的發行部分配各處。廣告部也經過原稿製作，排印，校對等手續，和新聞版拚成，就算完全辦完報紙的出版事務。發行和廣告的收入，爲報紙維持生命的唯一原料，都納之會計部，於是會計部也就不能不佔重要的地位。

通信社的組織，比報紙要簡單得多，大概有如下列：

1. 外交記者
2. 原稿製作部
3. 調查部

4. 電報電話部

5. 油印部

因爲通信社的工作，只在於供給報紙以新聞材料，所以其組織，只及於報紙編輯方面的最初的幾部分。雖然它也把這種材料賣給一般讀者，但却非必要。各部的關係也和報紙組織的最初幾部相同，此地可以不必重述。至於會計，收發等事務；雖是通信社必不可少的，可是却並不和其他各部處同一地位。

總之，無論是報紙組織或通信社的組織，其形式普通總是不出上列的範圍。在實際上，這樣的形式，是否合乎需要，是否有科學根據，我們將在下一節就英美二國的組織和我國的狀況加以一番觀察，然後，我們纔能得到更有精神的設計。

二　過去的缺憾和危機

我們認識了新聞機關組織的重要，不必加以什麼詳細的說明，其應該有工作效率上的功能這一點，已爲不可逃避的原則。所以我們在新聞學上談新聞機關，就不能不在這一方格外注意。

在理論上，新聞機關應該儘可能地發展工作上的效率，但在事實上怎樣呢？我們不能不相信理論和事實不一致，而有時竟相背道而馳，再看不出二者之中，有若何的關係。在目前研究新聞學的，就不能不明白已往的錯誤及因此錯誤而發生的危機。

過去的新聞機關，就表面上看，似乎的確是根據於編輯營業二大系統的組織法，這種組織法是否合於應用？現在且不管它，只要實際上能眞正保持這二大系統的均衡，那也不妨就這樣組織；可是實際上我們所見到的，大概都是營業權高於編輯權，營業人高於編輯人。在歐美或日本，雖也有保持均衡的，但它們並不是「社會的」，而是政黨或要人個人的，他們目的在於攻難對方抬高自己，所以必定相當地重視編輯系統；同時，有利益可圖，又何樂不爲呢？因之也就不會壓倒營業權，而造成並重的趨勢。在中國，不要說是「社會的」新聞事業沒有，就是特殊的如政黨的，又何嘗能於二大系統無所偏倚呢？

現代的新聞機關，是以經濟爲基礎的；是違反新聞事業之社會的意義的。營業權高於編輯權，是一種畸形的組織，根本不合於新聞學的原理。

但是，假使是營業與編輯並重的，又是否正當呢？我們簡截地可以回答說，這種組織也是不對，於新聞學上也是說不通的。新聞機關沒有兩個系統，新聞機關只應有一個編輯系統。所謂營業，只是附帶的工作，從事新聞事業的人，不能有這一種錯誤觀念。新聞組織有了兩個系統，就是宣告新聞事業經營上的錯誤。

爲什麽營業系統不能和編輯系統並重呢；其理由？一，新聞事業不是以編輯爲手段而以營利爲目的的事業；二，新聞事業根本是一種社會的文化事業，人民的輿論代表機關，沒有理由可以藉之而獲得金錢上的利益。三，如果並重二者，則營業權往往容易壓制編輯權，因爲從事此業者對於物質的利益大概都是重視的，於是新聞事業的責任和價值，就無從說起。

過去的新聞組織，在原則上是這樣錯誤了；但在形式上又何嘗是能收實效的呢？有些殘缺而不完全的，有些是分工沒有科學的根據的。在都足以表現組織的不嚴密的缺點。營業方面的組織，中外大概是一律的 就是發行和廣告二部。有些也有另設一個會計部的；有些也有不設專部而在社長之下設一個人專司會計職務的。有些把印刷部設在營業系統以內；也有把印刷部設在編輯系統以內的。至於編輯方面呢， 就大有不同了。 其中所相同的，只是不健全這一點。不論是英國，不論是美國，也不論是日本，更不必論中國，都是不健全，都是病態的。

因為新聞機關的組織只應該有一個編輯系統，所以我們現在可以丟開營業系統而不談。我們先觀察號稱新聞事業最發達的英美的編輯系統的組織，看他們的缺點在那裏；然後再依工作效率的原則，說明這種缺點將發生的危機。

第一，英國的編輯系統如下表：

- 主筆
  - 外報部(Foreign DePartment)
    - 編輯(內勤)
      - (1)部長(Foreign Editor)
      - (2)次長(Assistant Foreign Editor)
      - (3)編輯長(Foreign chief sub-editor)
      - (4編輯員(Sub-editor)
    - 外交(外勤)
      - (1)在外通信員(CorresPondents)
      - (2)常任通信員(Our own cosrespondents)
      - (3)特派通信員(Our CorresPondent)

- 內報部(Home News DePartment)
  - 編輯(內勤)
    - ( )特派通信員(SPeci l Correspondents)
    - (5)其他……
    - (1)部長(Home News Editor)
    - (2)次長及助手
    - (3)編輯長 Chief Editor)
    - (4)編輯員
  - 外交(外勤)
    - (1)地方通信員(Socal Correspondents)
    - (2)外交記者(RePorters)

觀上表，我們不能不承認英國的編輯系統有一個特色，一方面，他們能以世界的和本國的消息並重，不像中國，根本就沒有所謂世界新聞。另一方面，他們也能注意到編輯和外交的同等的重要，不像中國，只在編輯員之下設置幾個專事採訪的人就算了。

但，這樣的編輯系統是完備的麼？是嚴密的麼？至少我們可以看出下列的幾個缺點：

（一）外報和內報由兩個部分各負其責，很難收一致的效果。我們不但要把世界的消息介紹到本土來，也還要把本土的消息傳播到外面去。新聞事業是對國家負有與世界構通感情的責任的。對於世界新聞應該注意是不錯的，可是要忽略了後一點，就反足以看出這種組織的不健全。

（二）編輯和外交，雖然應該並重，可是他們疏忽了這一個要素——評論。

（三）我們從這樣的組織上，看不出他們怎樣為世界負一種文化學術闡揚的責任。

第二，美國的編輯系統如下表：

- (1) 大樣部（Night Editor）
- (2) 社會政治部（City Editor）
  - （一）外交記者
  - （二）百哩內之通信員
  - （三）閱讀新聞紙者
  - （四）記錄人（原稿）
  - （五）原稿修改者（一系之長）

社長（即主筆）(The President)(The Edit-or of cheaf)

- 新聞部 (The News Department)(The Managing Editor)
  - (3) 電線部 (Teregraph Editor)
    - （一）國內聯合通信社
    - （二）百哩外之通信員
  - (4) 外報部 (Cable Editor)
    - （一）海外特派員
    - （二）特從通信員
  - (5) 特殊記者 (Special Editor)
    - （一）各處新聞紙剪報
    - （二）行情經濟記者
    - （三）不動產記者
    - （四）劇評音樂記者
    - （五）社交家庭記者
    - （六）文學記者
    - （七）新刊批評系
    - （八）遊戲記者
    - （九）船舶記者
    - （十）鐵路記者
    - （十一）勞働記者
    - （十二）其他……
  - (6) 寫眞部
  - (7) 藝術部（繪圖）
  - (8) 參考部（調查部）
  - (9) 星期部（附刊）
- 評論部（(The ditOial Cept)—Cheaf Editrial Writer—評論記者

觀上表，我們也不能不承認美國的編輯系統有它的特色，就是它能以新聞和評論相並重。這一點，我們當然沒有什麼批評。不過，我們試再一看新聞部的組織如何？大概可以得着如下的兩種感想：

(一)只見到外交方面的活動，而不見編理方面的工作。

(二)職務的分配過於零碎，往往可以破壞工作指揮上的統一性。

綜看英與美二國的編輯系統，雖然各有特色，却也沒有很大的缺點。從這缺點，又會發生什麼不良的影響呢？我們看：

第一　如果不能混和外報與內報，則新聞事業將爲地方性及狹隘的國家主義所限。新聞事業是應該具有世界性，已成爲近代一致的需要。雖說一國總離不了一國的國民性，但總要儘可能地做到「人類的」。

第二　一種編輯系統以內，不能有專司評論的組織，是表現了新聞事業在輿論上失去指導的威權。

第三　要是新聞事業不爲世界文化負一大責任，則我們要新聞事業何用？

第四　組織過於散漫，就失去工作的效率不少。

概括地，我們可以說，由英國的編輯系統的缺點上看，新聞事業無從盡其責任；無從發揮其最大的人類文化上的價值。由美國的編輯系統說，指揮上不能統一，在工作上就有互相扞格的弊病。至於中國的編輯系統，能具有上列二種形式的已經沒有，更不必說是特創了。

三　新設計的說明

新聞機關之過去的狀況，我們已經看出了它的缺點。在縱的方面，組織不能將指揮運用統一的實效；橫的方面，分工不精而又缺少聯絡。現在我們爲新聞機關的組織作新的設計，應該儘可能地避免這兩方面的危險。嚴密的新聞機關組織，原是因了事務的執行上的要求而成立，所以我們最先就要研究新聞機關，應該是專任制還應該是合任制的問題。

我以爲新聞機關並不是議事的機關而是執行事務的機關，似乎應該採用專任制爲妥。一個問題，須要多方面的討論，須要綜合多數人的意見，然後方可斷定一個適當的辦法。這是非合任制不可的，因爲一個人的見聞有限，學問有限，決不能隨了一個人的見解而決定什麼方案，在事實上必須多數人的集合，反覆討論，始有切於實際的方法。反過來看，假使一件事須要辦理，還是委托一個人好呢？還是委托多數人好？這一點，我恐怕只要稍有辦事經驗的人，一定會首肯前者，而反對後者。這不是我們談論的空說，却是由於過去的種種嘗試。新聞機關，是執行事務的機關，不是議決事務的機關；更因了新聞事業之特殊的社會關係，所以不論中外，大概總是採用專任制而不採用合任制的。最高機關一定是經營人自任的「社長」，或者是由股東選舉及聘任的「社長」，而不是什麼委員會。編輯部一定是主筆在最高位，負這一部的全責，而也不是什麼委員會。並且新聞事業是個人經營的社會的事業，根本就無合任的必要。如果一定要說委任制並不是新聞機關唯一的制度，我們也並不反對，只要的確是勝於委任制而能使新聞事業的工作效率更有成績。但合任制在新聞事業中，也並不是絕對不採用的，如全體的社務會議；如編輯部在社會上發生某一項特殊問題時而組織的委員會……

事務的執行，須要專門負責的人，爲不可否認的事實；尤其是新聞事業，它的工作沒有停止的時候，而又一時一刻都和社會脫不了關係，所以必定要專任制的組織方可。

新聞機關的新設計，根據於下列幾個原則：

1 因事實的需要，不採用合任制，而採用專任制。特殊原因者，當然不在此限。

2 因新聞事業本身的意義，要打破過去的營業編輯二系統的並重的趨勢。絕對地提高編輯權。

3　不以事務的性質作局部的設置，應依新聞事業對於各項事務的運用便利的理由作局部的分配。

4　下級的組織，在工作上，絕對的受上級組織的指揮；但上級組織必須尊重下級組織的完整系統。

5　各個局部的組織，應該各得其完整的系統；同時要謀各個局部間的聯絡。

6　經營人應保持編輯權的獨立。

次之，我們就要進一步說明設計的本身了。澈底的說，所謂新聞機關，只是一個編輯系統的組織。其餘的廣告，發行，會計等等，都是因了編輯系統而存在的，因此我們就也得從編輯系統說起。

第一，採訪部　新聞事業的生命，寄托在編輯系統；而編輯系統最先需要的，却是新聞材料；材料如何可以獲得呢？這就在於採訪部。沒有採訪部去獲得材料，就無從整理，也就無從評論，根本就說不上印刷，發行了。過去的編輯系統，並不重視採訪，有些竟只在編輯員之下設置一二員外勤記者就算了，這實在是新聞機關失去工作效率的大原因。

第二，纂理部　什麼是纂理部呢？這是我爲別於編輯系統的最高級的名稱的「編輯所」編輯二字名稱特用的。換句話說，纂理部就是狹義的編輯部，它的責任是在於把原稿整理歸納，也就是所謂整理新聞紙面的工作。這一部在從前是在編輯系統中最有權威的，不用說外勤記者是屬員，就是評論方面也莫不要受相當的影響，何況廣義的編輯部與狹義的有時混淆不清，編輯系統最重要的總主筆，有時就是這一部的部長。這種現象，可以使工作不知如何去履行他的責任；最初，也就無從認識他的責任。

第三，繙譯部　編輯系統內的繙譯部，它的工作限於兩個方面，一是將別國新聞消息以及學術思想的文字，譯成本國文介紹過來；另一是將本國的新聞消息以及學術思想的文字譯成外國文傳播到外國去，如果某一家是有外文版的報紙，這一部就更必要。

第四，評論部　我們曉得讀者看了消息，只能知道某一項的事實；還不能曉得所以發生這樣事實的背景以及對於社會的影響，至於人民應該如何去研究功夫，那就更不必說了。能夠負這種責任的，並且能以忠實的態度來批判其是非的，就只有評論。評論的重要，於此也就可見。所以編輯系統中必須要有這一步的設置。假使由編輯員兼任，本來並非不可，不過因爲編輯員已經忙於整理新聞紙面，在時間上有所不及；而且評論必須要是專門的學者，對於某項問題有特殊研究的方可。一般的編輯員雖能有多方的知識，不一定精；即使有一項精，但時間限制了，也是沒法。評論部的必須設置，據此，就有了更大的理由了。

第五，學藝部　新聞事業在傳達消息和指導民意之外，其更大的責任，還是在於學術思想的研究闡發，換言之，就是謀世界文化的向上。於是，編輯系統中就有設立學藝部的必要。這一部在古今中外是創舉，但我們不能因爲從前沒有人創立，而我們也就不要。我們而且要明白它在編輯系統中的地位和其餘諸部是同等重要的。

編輯系統中，除了上列五部是主要者外，還有幾個附屬的且也是必不可少的組織，列之於次：

第一，印刷場　新聞事業之應設有印刷場，可以從次述三點上，看出它的重要：一，時間的準確；二，保守消息的祕密；三，遇有特發的事故，可以臨時改版。

第二，文事房　所謂文事房，是包括譯電報，校對原稿以及抄錄等工作的。電報爲新聞紙或通信社一日不能缺的東西；校對原稿也是必要的工作……所以文事房的設立，依事實也是必要。

第三，圖書館　新聞記者的一句一言，不但要事實爲根據，而且必定要儘可能地去找學理上的根據；而且新聞記者每日和社會接觸，可是一切科學藝術的發達，就直接促社會的進化，那末就不能不繼續的去求新的知識，圖書館就因這個理由而存在。

第四，剪報室　它所負的責任，是在於中外新聞消息剪裁下來，作科學的整理，編卷，歸檔，以作爲參考調查的資料。

編輯系統，至此已經可以說是完備，我們可以再看營業及事務方面的組織。營業方面是：

第一，發行課。

第二，廣告課。

至於事務方面呢？

第一，會計課　營業方面的收入，都須納入會計課，所以會計課和營業方面的關係是非常接近的；同時，經費的分配，以及一切日用的支付，又莫不爲它的責任，因此，於其將它歸入營業範圍，毋寧將它列入事務範圍。何況營業方面的收入，原爲維持事業之用的呢？

第二，文牘課　社長雖是一社之主對外雖是代表一社的事務，但並不是說他一人可以應付無所失，是有時必定其書面的來往，在這時，社長一人當然忙不了，所以也有獨立一課的需要。並且關於一社的一切文卷的保管等，也是它的分內的職務。

第三，庶務課　這一課的事務，在於處理收發，採辦，清潔，飲食，佈置，以及什物的保管等等，這也是必不可少的，在現代的新聞組織中。

綜合上述，我可以列表如下：

(1)採訪部
(2)纂理部

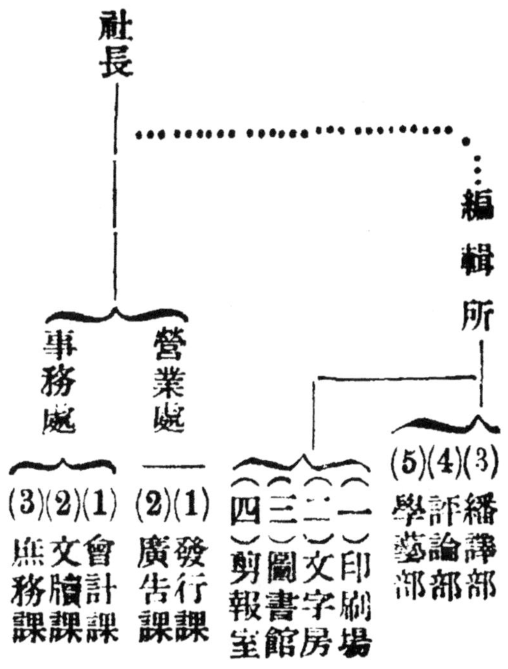

上表社長與編輯所之關係，所以用點線來表明的緣故，在於顯示編輯權的獨立，雖在社長之下，而不如營業及事務的直接受社長的指揮。

第五章　怎樣做新聞記者

一　新聞記者的使命

新聞記者爲研究新聞學者必然研究的對象，這是我們看了以上各章所述就可以知道的。新聞記者實在是新聞學在實用上的中心，沒有新聞記者，根本就不必談新聞事業，更不必談什麽新聞了。新聞之所以爲新聞，新聞事業之所以爲新聞事業，都要因新聞記者的存在而存在；我們也可以說，沒有新聞記者，則所謂新聞，所謂新聞事業，都只是一個名詞。現代的新聞，所以能成爲全人類的需要，新聞事業之所以有今日這樣的發展，都是新聞記者活動的結果，因此，新聞記者也就成了研究新聞學的人所不能沒有的知識。

所謂新聞記者，究竟是什麽呢？凡是從事新聞事業的人，都是新聞記者麼？或者是從事此業者之中的某一部分麼？我們的觀察，當然以後一說爲對。社長僅僅爲一社事務的主宰，他並沒有負着新聞上的什麼責任，當然不是新聞記者；司發行，廣告，會計……諸職的人，只是一社的事務員，也沒有負着新聞上的什麼責任，而且也不是新聞記者。新聞記者，只是編輯系統中的主要部分的人員，他們都負有新聞上的絕對責任，而且也是社會的一種直言者，假使以前章的組織系統表而言，則所謂新聞記者，只限於編輯所的五部。總主筆也是新聞記者，因爲一切活動，是由他指揮；一切言論以他的意志爲意志，他是直接對社會負有總責的。

如果只依上表而言，新聞記者的使命，只是下列五點：

（一）消息的採訪

（二）材料的整理

（三）文字的翻譯

（四）事實的評論

（五）學術的介紹

新聞記者的使命，誠然可以因他們的事務而論定；然而要說他們的使命只限於此，我覺得却不能這樣簡單。至少，新聞記者含有一種精神上的特質，他們的使命，往往能在不知覺中完成。我們不能立刻發現他們的偉大，一定要在相當的時期以後，而且要對「所以然」的問題，加以詳細推究，方可能出。

我的意見，以爲新聞記者負的使命，可以概括之如下述。

第一，消息的傳達。新聞記者最明顯的一個使命，就是在於傳達消息。最能活動，最有知識的記者，他不能有承認他負有傳達消息的使命。不過傳達消息，並不是沒有限制的。怎樣是消息，怎樣不是消息，我們不能爲他訂出一個標準來，只好依了記者的目光，依了記者的觀察力，給它一個暫時的標準。在這裏，我們就可以見到記者的活動能力和他的知識程度。某人在路上摔了一交，我們未始不可以當作消息；某人新做了一件袍子，我們也未始不可以當作消息。但以這種消息來傳達，是新聞記者的使命麼？當然不是的。新聞記者所傳達的消息，不是影響個人的，而是影響多數人的，影響社會的。只有多數人的消息，社會的消息，纔是新聞記者所傳達的消息。惟其新聞記者傳達的是多數人的社會的消息，我們方能見到這一個使命在新聞記者身上的重大的意義。

第二，言論及事實的批判。如果新聞記者在傳達消息之外，他對社會就不再負有其他的使命，那末，老實說，我們還看不出新聞記者的重要。但我們已經曉得新聞記者是不可輕視的神聖的工作者，則其當然還有其他的使命。直接使新聞記者成爲社會所依賴的人物的原因，是在於他能以至公無私的態度，對於某一種言論，或是某一種事實，根據學理和實際狀況，下最警惕的批判。新聞記者之所以必定要有明斷的眼光來判斷是非曲直，就是他實在沒有理由可以脫去這一個使命，這一個指導民衆向光明路上去的使命。凡是很好的記者，他一定不會以傳達了消息就算完了他的使命；他一定還要以他那包羅萬象的才力，去適當地運用着，藉以使消息的讀者能洞悉其因果關係。其實，一個新聞記者必定要具有批判的眼光與知識，否則，他本身也就不能辨別材料的眞僞。所以，新聞記者一定要完了這一個使命，始能被認爲輿論的代表。

第三，發揚文化。前幾章中，我曾屢次說明「發揚文化」在新聞事業是很大的一個責任。新聞事業的本身，並不會發揚文化，一定要新聞記者負起了這方面的使命而後可。發揚文化，文化又是什麼呢？文化是一個民族的存在和發展的根本力。民族的精神的表現，以文化爲最適切。民族的發展，必然的先有它的文化的發展。進一步的，今日的世界，我們所見到的。也只是世界的文化。文化，就是各民族的思想，藝術，宗教，語言等等以及各種制度所及於人民的影響。這種文化，要是新聞記者不負責來發揚，要各民族國家的新聞記者都各負起這個使命來，然後世界文化始有燦爛的一日。

第四，闡明學術。世界的學術，始終是二大系統：一是科學的，二是藝術的。前者滿足人類的生活；後者豐富人類的生活。前者供給人類以生活的資料和方法；後者供給人類以生活的興趣和創造的努力。所以學術的發達與衰落，是與人類有着莫大的利害關係的。因此，我們就有闡明學術的要求。這個要求，我們雖可以期望於科學家或藝術家，但我們却更期望於新聞記者。爲什麼呢？科學家有所發明，藝術家有所成功，新聞記者總是最先知道而認識的，他就應該迅速地介紹指示給全人類，他是人類生活的資料和方法的運輸人與指導人；他是人類生活感情與趣的鼓舞者，所以我們對於新聞記者不能不懷了更大的期望，期望他們負起這方面的使命。何況新聞記者，有許多本身就是具有淵博的學識的，他本身就有科學思想和藝術天才，我們能不期望他們有所努力麼？並古今中外，有許多埋沒了的學術，又有許多誇大的，眞僞不能辨，這尤是新聞記者所不可不做的工作。因此，新聞記者所負的闡明學術的使命，比任什麼人要重大。

第五，介紹世界思想。一個國家或一個民族，就有一國一民族的語言文字，也就有不同的思想和性情。當然，也就有代表這一國一民族的新聞事業。但現在一切都已趨於世界化，各國都不採用閉關政策，而開放了門戶，通商旅行，沒有間斷。在這時候，最切要的，就是各國互相了解。怎樣了解呢？最好是對於各國的思想言論，以及民情習慣有所認識，因爲這幾種要素，大概是立國或民族團結的根本，我們認識了這些國民性或民族性的表現物，自然就有了感情，而能相互地了解，進而作爲眞正的和平的世界結合。這一種工作，除新聞記者能完成以外，是再找不出第二條路的。

第六。研究制度方案。一國的制度方案，與人民的生活，社會的生存，國民的生計與夫民族的生命極有關係的。財政有否辦法？教育能否有效？自治能否實現？……都可以從制度方案中觀察出來。這種制度方案，大概都是政府主動的；但政府無論怎樣了解民衆，了解社會，總不及民衆了解自己，深處社會之中的人了解社會來得透澈。新聞記者本身是民衆，是深處於社會之中的；而且他又無時無刻都在和民衆接觸，和社會接觸。這時候新聞記者一方面可以研究政府已經規定的制度方案，而觀察它是否合乎需要；另一方面，它可以依了人民與社會的需要，將研究所得的結果，供獻給政府。

第七，社會狀況的調查與統計。新聞記者始終是在探求着社會眞相的，所以舉凡一切人口數量，土地範圍以及種種問題，甚而至工廠中罷工的數目，新聞記者必定得作有精密的調查與統計。換句話說，一切社會狀況，都要簡明而正確地錄下來。否則，他們的觀察與推究，就很容易失去憑依。從另一個方面說，這種調查和統計，與社會又有什麼關係呢？唯一的，可以給政府以一種有力的帮助。政府依了這種調查或統計，然後可以有適當的運用。

總而言之，新聞記者的使命，是世界上最神聖而偉大的。凡是新聞記者，一定要了解它的使命；如果使命沒有明瞭，試問，他爲什麼做新聞記者呢？新聞記者不是營利，不是做官，與一切事業都不同，他自有其與社會同等範圍的使命在。一般人不明白這一點，以致新聞記者成爲社會上最可鄙的事業，這實在是很可惋惜的。

二　地位與態度

新聞記者能否完成他的使命，就要看他能否認淸自己的地位，同時，也就要社會能認淸新聞記者的地位。現在，我們就要論新聞記者一社中和在社會上的地位。明瞭了新聞記者所處的地位，我們方能對新聞記者有進一步的了解。

在一社之中，就表面上看，社長原是最高的權威。他是創辦人，或者他是營業方面股東的代表，他有聘任或辭退記者職務之權，當然，他的地位，在一社之中爲最高，可無疑義。然而我們一究其實際，我們雖不能不承社長的地位，可是我們却不能承認記者絕對是社長的下屬。

第一，社長既是創辦人，或者是股東的代表，他當然只以一社的利害爲前提。他對於職員（不是記者），具有指揮及命令之權，這是和普通銀行公司沒有什麼差別的。但他對於記者，這一種必然的權力就不能施用。爲什麼呢？職員，如發行，廣告，會計……，他們的目的，是只在於求一社的利益。不在這一家新聞社，他們就沒有責任了。至於記者，則他們的目的，不在一社，却在於整個社會。記者應該始終維持自己的人格，始終保持爲公的精神。從社會方面看，記者雖由社長聘任，可是却並不是爲社長服務，爲誰服務呢？爲社會，社會上的大多數人。因此，在一社之中，記者除了必然的關係以外，其地位實在和社長沒有二樣，有時或者竟要超過。

第二，我們從記者活動的結果上看，也可以證明在一社中，記者自有其特殊的地位。記者如果能始終保持着高尙的人格，能對於任一件事都不失其公平確實正直無私的原則，那末，社會的同情和信仰，自然而然地集中於這一社。不必說，這一社之所有能繼續地發展，都是記者活動的結果。社長不能爲一社獲得社會的同情與信仰，職員也沒有能力，有這種能力的，只有記者。既然如此，記者之不是普通的職員可知。

說到這裏，從前有兩個很適當的例，這是永遠不會失去它們之中的共同點的，第一說，新聞記者等於大學教授。大學校長，可以聘任教授，但不能認教授爲一普通傭用的職員。第二說，新聞記者等於司法機關的法官。司法部長可以任命法官，但不能干涉法官。同樣，新聞社的社長，可以聘任新聞記者，却不能干涉新聞記者。新聞記者不能如其他職員之絕對受社長的指揮命令。

總之，從新聞記者所服務的性質上說，新聞記者在新聞社中自有獨立的地位；從新聞記者所活動的結果上說，新聞記者在新聞社中實具有最偉大的權力，而也就證明其所處的地位，自有特殊的原因。

進一步說，新聞記者在社會中地位怎樣呢？

第一，新聞記者是社會中的一份子。我們在前面曾經說過，新聞社是社會公共的機關。不必說股東和別種營業組織的股東的目的有所不同；就是記者，也正如是社會大多數人所推舉在新聞社中爲他們發言的人。新聞記者本身就是社會的一份子，他並不是生來就具有什麽神聖的責任的；這個責任，却是他在被推舉以後，社會上大多數人所付與他的。所以，新聞記者在社會中的地位，我們與其說他是一社的記者，却不如說他是社會的記者。

第二，新聞記者是高處於第三者地位的。前面既說記者就是社會中的一份子，爲什麽現在又忽然說是高處於第三者地位的超然階級呢？前者是就新聞記者的性質上說的；後者却是就他的職務的關係上說的了。我們應該知道新聞記者的始終是站在是與非二者之外的，他只有以純誠忠懇的態度求眞理的實現。

新聞記者只以眞理和事實的標準，不知有朋友，也沒有所謂敵人。所以所謂第三者地位，換句話說，就是超然而獨立的地位。這一點，新聞記者和法官所處的地位有些相同。法官對於當事人雙方，不能有所偏倚，否則，審判的結果，就有不公之處。新聞記者也是如此，他對於任何方面的事實，都應該看作與自己毫無關係，否則，其結果，也就有掩蔽了眞理的危險。

綜觀以上兩方面所述，我們可以知道新聞記者的地位，在一社之中，是獨立的；在社會之中，也是獨立的。

茲更進而說明新聞記者的態度。

怎樣能澈底地認識新聞，最要緊的就是在於觀察它底社會的價值。我們要能看出它的社會的價值，就得從它的態度上着眼。前面我曾提到過新聞事業的態度，那是「應該怎樣」的說法：「應該怎樣」又怎樣做到呢？這就非看新聞記者的態度不可了。新聞記者的態度要是不確定，我們就說不上新聞事業的態度。新聞記者的態度，不但新聞記者自身應明白，就是新聞的讀者，也應對新聞記者的態度加以肯定的認識。它不能被社會所懷疑，它當然也不能爲新聞記者所忽視。

新聞記者的態度，我們可以概要地說明其原則如次：

第一，客觀的。所謂客觀，是別於主觀而言。要曉得新聞記者爲什麼採取客觀的態度，就應先曉得爲什麼要採取主觀的態度。主觀的態度，可以不顧事實，可以不顧眞理，可以不顧一切；只憑了自己的直覺，只憑了自己的感情的衝動，而表示出來的意見，便是主觀的。這主觀的態度，在一方面看，是自信力堅強的表現；新聞記者須要自信力，那末，這主觀的態度在新聞記者也未嘗不可採用了。不錯的，自信力在新聞記者爲必要，但他却不能要因主觀的態度而表示的自信力。新聞記者一定要由事實，眞理……而產生他的自信力；換句話講，新聞記者必須採用客觀的態度，然後，他的自信力方不會動搖。客觀的態度怎樣呢？它是脊重事實的，它是信奉眞理的，它是無所偏倚的；它不依直覺，它不依一己的感情衝動。總之，採用客觀的態度，其結果決不會和主觀的一樣，流於偏浮，流於淺薄。

第二，虛心的。新聞記者最初所得的消息，不見得一定就是眞確；反之，後得者也不見得一定就是架空的。在這時候，新聞記者最需要虛心。他可以不必固執着最初的消息爲絕對眞確的成見。新聞的價值並不會因了昨天是那樣記載而今天又是這樣述錄的緣故有所減損。我們相信新聞不宜於時常更正，或者覺會因此而失去讀者的信任。但反過來一看，假使記者固執初見，不肯虛心地接受後得的眞理，那末，一誤再誤，因此而鑄成大錯，豈又是新聞記者所應有的行爲？況且新聞的眞確與否，總應以後得者爲標準。如果最初的記載有了錯誤，正不妨以後得的眞確者補救。要是不肯虛心地接受眞理，久而久之，讀者就會根本失去其信任。到不如隨時依眞礎者更正錯誤者，讀者或許會反而更增其信任呢。次之，從讀者地位說。大概新聞的構成者也就是新聞的讀者，他認爲某一項新聞與事實有所不符而要求記者的更正，記者尤其應該虛心地接受。我們前面既將新聞記者和法官相比，在此也不妨藉以來說明一下。法官對於嫌疑被告的口供，必定要令其自己承認是記錄無所錯；倘使供者對於記錄中的某一句話認爲不對，法官應該允許其修正，不過最後的判斷，必定還得證以他項材料，不能只聽一方面的言詞。新聞記者對於事實的構成員，也是如此。倘使那人說某一部分的事實不是如此而要求更正，則記者在接到正式的請求書以後，一定要虛心地爲之研究。如認爲所記載的毫無錯誤，對於更正的請求，自應詞嚴而義正的加以拒絕；要是記載却有錯誤，記者就不能不允許請求者的更正，新聞記者所求者是眞實，有錯就得改。逞了一己的意氣，竟對正當的要求而不顧，這是萬萬要不得的。復次，新聞記者雖說具有高等的常識，或者一二種以上的專門學問，但社會的複雜，事物的變化，決不是一個人所可以應付。可是新聞記者却又不能不應付，那末，將怎樣呢？除了遇着凡有一才一藝比自己長的，就師事之的一個辦法以外，實在沒有其他的更好的路。記者對於這種朋友，應該虛心，因爲他是直接幫助我們完成對社會的責任的。總之，新聞記者，到處應該虛心，不能逞意氣，不能誇大。否則，不但於自己無益，反而會使自身對社會的責任因之而受很大的影響。

第三，倔強的。這一點，在表面上，和虛心似乎絕對的相反。其實不是的。前者是追求眞理，後者是拒絕虛僞；前者是求善，後者是絕惡，兩者不是相反，不過是運用上的不同罷了。倔強，並不是主觀的驕傲；它是有條件的，它不對眞理倔強，它不對事實倔強。它只對一切惡劣的影響而倔強。新聞記者因爲是倔強的，所以他能使自己的意志固定；自信力堅強；以及對汚濁環境的反抗。一種不折不撓的精神，是新聞記者保持其人格必要的條件。蒙患難，冒危險，新聞記者應該毫無所苦，應該安之若素 要不是倔強的，則所謂「富貴不能淫，威武不能屈」的地步就做不到。並且新聞記者始終是爲公的，社會上有強凌弱，多數欺少數的行爲，根據於眞理，而爲之伸張，爲弱者鳴不平。社會上的惡化，腐化分子，我們一定要使之屈伏在輿論的制裁之下。總之，新聞記者之所以應是倔強的，在社會的利益上，實有不可動搖的根據。

第四，莊重的。 這一種態度，在新聞記者也是必要。無論是和人直接相處，或者是記錄文字，記者絕不能有輕浮的表像。新聞記者是「社會的公人」，他是爲眞理而和一切惡舊勢力奮鬥的。這樣，其爲社會人士所尊重也是必然的了。但社會上對私人人格是看得極重的，要是你處處言不着實，處處開玩笑，而行爲方面尤其不能自己檢點，則社會上就不會信任這種人是眞有做「社會之公人」的資格。我們也不要虛僞，一定要硬抑了個性而裝出道德君子的形樣才算是莊重，行爲方面的莊重，就是要記者誠懇，熱心，不自己隨流合污，有壞的品性應設法除去等等。至於文字上的莊重呢，那就是要顧到新聞價值必不可省的功夫。例如一件男女私奔的事實，社會上大多數人都為一種低級趣味所誘動，如果新聞記者記錄的也是一樣，則就有損於新聞價值了。對於這件事實，我們要從經濟，法律，以及社會各方面證出它的應該與不應該，決不能也用了一種誘惑的筆調，更挑撥讀者（大多數）的低級感情。總之，新聞記者的一舉一動，一言一字，都應該不失其莊重。

上之所述，不過是新聞記者應取的態度中之犖犖大者。此外如和善，真摯……都是一般人所應具有的，新聞記者當然不能例外。所謂客觀的，虛心的，倔強的，莊重的等等態度，無論在新聞記者的行為和言論方面，都不可缺。新聞記者如果不能知道自己應取的態度，就容易被主觀的感情的好惡所壓倒；社會要是不能認清記者所取的態度，也就會誤了讀者一己的主觀誤認新聞記者是不公正的了。

三　資格修養及工具

什麽人可以充當新聞記者呢？這一個問題，也是我們研究新聞記者所不可忘却的。這一個問題，也是新聞記者的資格問題。

只要是新聞記者，不論他所司的職務是在於採訪，是在於纂理，是在於評論，或者是在於繙譯，他必須於下列的三點無所缺：第一，高等的常識；第二，完美的德性；第三，強健的體格。現在分別說明。

第一，所謂高等的常識，與專門學問固然不同，就是和普通常識也有異。專門學問，是學者對於所學有特殊的深刻的研究，有新創的意見，有非常的理解。新聞記者能對於某種科學有專門的研究固好，但却並不一定；新聞記者所需要的却是超於普通常識的高等的常識。專門的學者，可以任大學教授，而不能任新聞記者。因爲他在專門的學問以外，社會上還有許多方面不爲他所了解，他當然也就沒有應付千變萬化的人事的能力。新聞記者是要「眼觀四面，耳聽八方」的，只要是他的才力和時間的允許，新聞記者是沒有理由可以使自己不活動的。因此，新聞記者最好是能有專門的學問，却更一定要有普遍的豐富的高等常識。然則，高等常識怎樣，普通常識又怎樣呢？簡略地說，高等常識，是一定要對於專門學者的意見，有充分的了解力和對於專門的事件有明確而迅速的認識力。至於普通常識，大概只是一種實際生活的常識，對於可能範圍以內認識的現象，具有一種極簡略的概念而已。新聞記者需要不需要專門的學問呢？前面也說過，當然也是需要的，譬如担任了政治方面的記者，或是經濟方面的記者，對於政治及經濟就應有特別進一步的知識。但我們應得明白，雖然担任是一方面的事務，這一方面，在新聞上是不能獨立的，是一定在整個社會現象中存在的，所以他在這一方面的專門知識外，對於普通的高等常識，還是不能不具備。

第二、新聞記者的德性，一句話，就是高尚的人格。新聞記者因了所處的環境和活動時所用的手段，很容易損及自身的人格，所以不能不十二分地加以注意。新聞記者代表社會公意，操有輿論的大權；對於言論事實，又操有是非曲直批斷的威力。其勢不獨可以左右一國，有時竟或能驚動世界，於是自然很容易引起一般有特殊目的的人物的注意，而思有以利用。因此，日夜間包圍，誘惑，牽引或者攻擊於其旁的，眞是不可勝數。我們看世界上有許多中途墮落的新聞記者，就不能不覺到其環境的險惡和其自身應具有很好的操守了。這是從新聞記者的環境方面看高尚人格的重要。次之，我們可以看，新聞記者活動的範圍，是在於全個社會；因之而社會上的任什麼人，都是他所不能不接觸的，然而社會上的人物，良莠不齊，而品性尤極複雜。在這時候，新聞記者當立定主張，認自己是爲了操求事實而來；雖有時不能以道德爲交際的標準，但只要眞認淸自己的責任，就不會發生對於所謂要人等等的諂諛的怪狀，也不會發生對於低等職業（？）者的輕視。要是不能自己保持，不能對於社會各方的人兼收並蓄，一本其平等的觀念，那末，要完成一個眞正的新聞記者，是做不到的事情。

第三，我們想在新聞記者之中尋出些體格強健的人，眞是一百人中難得有幾個。爲什麼呢？我們普通人總有相當的睡眠時間，而新聞記者總比常人爲少；我們普通飲食總有相當的量和一定的時間，而新聞記者沒有；我們普通生活，運用腦筋的地方比較少，卽使有，也可以得着相當的休息，而新聞記者的腦筋是沒有一刻休息的；最後還有一點，我們普通總沒有日夜奔馳的勞苦，在新聞記者卻是少不了的。有了這幾個原因，新聞記者的體格，要強健從何處來呢？據醫學家說，患貧血，神經衰弱……等病，總以新聞記者爲多。由此就可從新聞記者的體格作一證明。但我們要曉得新聞記者一職，要是沒有強健的體格的人是很難勝任的，因此，對於體格一層就不能不注意。假如腦筋有病，其觀察力，思索力就減少許多，那末、對於事務就有疏忽的危險，所得的結果，當然更不能正確了。這種危險，給與社會是有多大呢？

總而言之，一個完全的記者，必須於上述三者中都無所缺。然而，這是不是一般所可以做到的。我覺得要做　個新聞記者，就得有下列三條件：

（一）　必須是大學或專門學校畢業的。

（二）　必須是能隨時做自省功夫的。

（三）　必須是能隨時注意體格的訓練的。

新聞記者的資格，是在未做新聞記者的時候，就應已經成立的。但新聞記者並不是有了資格就可以做下去而無阻礙，新聞記者，一定要靠了平時不間斷的修養，方能顧此不致於失彼。所以，資格是做新聞記者必備的條件，而修養却是新聞記者繼續的職務的必要條件。

說修養，我們可以簡括地解釋，就是對於世界新潮的研究，時勢的觀察，與夫一切技術上的注意。新聞記者要是不時時研究最進步的思想，接受最新的學說，我們可以斷定地說，這一個新聞記者必然的成爲時代的落伍者。時代的進步，就是社會的進步。那末，社會隨着時代而進步了，新聞記者的思想學識，却還保守着原來的狀態，試問他將用什來完成他的使命？本來，新聞記者應該站在時代前面的，他是帶着時代向前進的，絕對的，不能使自己成爲一個落伍者，而應該不間斷地求思想學識有非常的進步。

怎樣修養呢？

第一，多讀新書。多讀書是新聞記者在修養上最要緊而影響最大的方法。雖然新聞記者原來就應具有普遍而豐富的高等常識，但我們不能說是已經毫無遺漏，我們不能說這種高等常識已經是實實在在的普遍，實實在在的豐富。何況社會不絕地進步，那一時期中所得的常識決不夠運用呢？——我們再看，新聞記者能否有一天不了解社會呢？當然是不能的。那末，怎樣方能做到這一步呢？在我以爲除了多讀新書以繼續求其普遍而豐富的高等常識以外，是別無道路可走的。

第二對於事物多加觀察。這一步功夫，是要積日累月這樣地經驗聚集下來始可做到的。並且就要把這步功夫繼續不斷地做下去，始能不成爲一個落後的新聞記者。因爲社會既是不絕地進化，那末，新聞記者不絕地觀察，也自然就不絕地進步。新聞記者的觀察有了進步，方能架御這個社會；方能使全個社會在眼中成爲一個透明體。所謂觀察，可以分爲兩步手續：一是分析，二是組織。對於事物要能先分析，而後再組織成一個合乎邏輯的結論，方可說是盡了觀察的手續。只分析而不能組織，這個觀察就不完全；不完全的觀察，在新聞記者是沒有用的。新聞記者所以要觀察。就是要推究得的結果。只分析不組織，新聞記者的論斷就易於使簡單的民衆頭腦趨於混亂。觀察的功夫，是訓練中得來；要時不繼續不斷地練習下去，就永遠進不到準確的境界。

第三，對於技術應多練習。新聞記者的活動，就是新聞技術。新聞技術是死的東西，一定要新聞記者的實際的運用方可。不過，技術總是由簡陋而進步的，新聞技術自然也是如此。但是，假使記者在平日運用的時候，不加以仔細的注意，就無從看出什麼地方應該改革，什麼地方應該拋棄。總之，為了工作的靈便，應付社會環境便利，對於技術的改進，實在是新聞記者不能不負的責任。同時，如果能對技術十分注意，則記者本身的活動，就可以格外獲得效果。

總而言之，要繼續執行新聞記者的職務，就不能不注意於平日的修養。修養，是新聞記者平日所不可忽視的功夫。

新聞記者是要「做」的。既要「做」，則只是一個人，而沒有應用的工具，還是「做」不成。木匠要有鋸子，斧……農夫要有犂，鋤……等等的工具，同樣，新聞記者也必然的要工具。

通常都在說，新聞記者的工具，是一把剪刀，一瓶漿糊，一枝筆，一瓶紅墨水。不錯，我們也承認這些東西都是新聞記者的工具，不過這些工具，是編輯室裏的工具；並不是新聞記者在社會上活動的工具。新聞記者在編輯室裏工作，要用剪刀，漿糊，紅墨水和筆，那末，新聞社就得把這些工具去安置在編輯室裏。但是新聞記者在社會上活動的工具，新聞社却無從辦理。因爲這些工具，不是物質，而是新聞記者經過相當期間的練習所得的結果。固然，這些工具，有時也還要工具，物質的工具，那當然由新聞社供給；我們現在談的是新聞記者，是新聞記者本身的工具，所以這些工具的工具，都不在本節的範圍以內。

第一，撰文的本領。新聞記者一下筆總是文章，不論是敍述，或是批評。當然，沒有這種寫文章的本領就不大行。新聞記者不必盡是文學家，但却不能不有文學家所有的本領。第一步，就是要文言白話，都能下筆迅速而簡潔明快。既要達其所要達的意見，又要不多化時間。並且對於結構，修辭種種方面，都還要不失美術感人的能力。不過，新聞記者的文章却不一定就是文學家的文章，尤其是敍述的新聞，自有他們特別便當而收效又速而且大的體裁。

第二，速記術。在極短的時期中，要記錄許多材料，當然不是我們的普通文字所適用。唯一的辦法，就是利用速記術。速記術，只用很簡單的符號，就可以記錄許多複雜的言辭；繙譯出來；而且不會有多大的錯誤。這樣便當的工具，自是新聞記者所應具有的；如此龐大的社會，一切事實的材料如果只靠了普通文字而獲得，新聞怎樣方能在一空時間中發揮它的作用呢？

第三，攝影術。有許多新聞，僅靠了文字的記錄還不能完全表明內容的複雜；一定要用照相片來輔助，始可使讀者有更明晰的認識。又有許多新聞，如果有了照片的輔助，更可引起讀者的興趣。所以照片在新聞中也含有很大的功用。因爲這個緣故，新聞記者必定要懂得攝影術。

第四，辯論術。新聞記者並不在什麼辯論會中和人辯論什麼問題，爲什麼也要知道辯論術呢？新聞記者所求者是眞理。那末，他對於社會上的是非，自有一種公平的判斷。在新聞記者的結論發表以後，那末對的一方面當然要爭辯，於是新聞記者也就複辯，這就非懂得辯論術不可了。不知怎樣搜證據，不知怎樣編排材料，都足以使眞理失敗。

第五，演說術。新聞記者所担任的是筆的工作，並用不着嘴，爲什麼也有演說術的需要呢？要曉得新聞記者社會上最需要交際的人，演說却是「社會的交際」中所最不可少的。例如社會上時常有公衆的集會和宴會，他們必定請新聞記者出席；一般人讀了記者的文章，就也有要聽聽記者的口頭的演說怎樣的心理，所以在公衆的會場上，新聞記者是免不了這種事情的，因此，對於演說術，就也成了必要的工具。

第六，化裝術。演劇人必需懂得化裝術，新聞記者也必需懂得化裝術雖然新聞記者並不是演劇人。新聞記者爲了探求事實的眞相，就不能不深入某一方的羣中去衆。有許多事情，在某一方的羣衆，是非同處一地位的人不肯宣佈的，那末非化裝不可了。從另一面說，新聞記者有時爲了探求事實，要冒很大的危險，生命之有否保全，是事先不能斷定的，這又非化裝不可了。因爲爲某一種事實中的人物，他怕記者揭破其眞相，總要設法不使記者知道，如果洩漏了，那就一定要設法除去這一個記者的。如果新聞記者不化裝，生命就在每天每一時中，都是非常危險的。

第七，電報術。凡是通信社或報社，其稍具規模的，大概總設有專用的電線，作爲祕密報告消息之用。那末新聞記者在獲得材料之後，就得自己去發電；因爲若借手於人，就不能保持新聞的祕密性了。所以，電報術也是每一個新聞記者所應有的工具，

第八，交通具的運動。新聞記者的交通具就是自由車和汽車，現在更多了

一種飛艇。新聞記者應該有自己架駛的能力，不問是自由車，是汽車，或是飛艇。這是在時間上必要的。不很匆促的時候，汽車或飛艇，還可以用架駛人；但一到時機急迫，架駛人是失去效力的，因爲記者要適當的處置，方能獲得偉大的效果。還有兩個原因，架駛人也不能和記者同在，第一是事實發生的急促，記者等架駛人不到，那就非自己動手不可了；假如一定要等架駛人的同在。那末，一定會在職務上失敗的。第二原因，就是有時新聞記者的行蹤須得祕密，有架駛人的同在，這一點就不大容易做到了。

我們看了以上各點，都證明新聞記者這幾種工具的重要。沒有這種工具，我們可以說，新聞記者，就無法活動。新聞記者不但要理解本身的技術，更要運用使這種技術實用化的工具。工具是每個新聞記者的手足；沒有手足，他就行動不得。

四　新聞記者的技術

在新聞技術中，第一步，就是如何辨別什麼是消息和什麼不是消息。社會上不見得任什麼事實都可成爲新聞的，如果新聞記者在從事蒐集的時候毫不加以鑑認，那末，其結果會無代價地耗去許多可貴的時間；或者竟會一無所得吧！因此，鑑別消息與非消息，成爲新聞記者必須有的一種技術了。旣鑑別了消息，當然，第二步就是隨卽把鑑別了的消息設法採訪了來，然後整成，系統的文字，始可說是新聞，始可發表出滿足多數讀者的熱望。所以，消息的鑑別與採訪，是新聞成立的最先應有的手續，也就是新聞記者所應有的第一方面的技術。

沒有技術，就當不了新聞記者；要當新聞記者，就得先曉得新聞技術，尤其應該先曉得消息應怎樣鑑別，應如何採訪的技術。如果只想採訪方面活動，這一種技術，就當格外留意，精益求精，總要運用自如，一絲阻礙也沒有了，那纔可算數；然而，那還不能說是完成。新聞技術是沒有止境的，新聞記者只有不斷地努力，使技術更進步，更科學化，說不到完全，說不到成功。在新聞技術上，我們只可以說有比較的進步罷了。

消息的鑑別和採訪，這一種技術，是有獨立研究學科的，在新聞學範圍以內，就是所謂採訪學。我在這裏，只可以供獻一些最基本而最簡單的知識。要學技術的人，不限於採訪，都得仔細去揣摩各種專著，並且還要實習。

第一步功夫，就是所謂消息的鑑別，最要緊的條件，就是先觀察它的內容，是不是都具備新聞構成的原素？概括之，可以分爲如下的六類：

（一）事實的性質

（二）事實的構成者

（三）事實發生的時間和經過的時間

（四）事實發生的地方

（五）事實發生的近因和遠因

（六）事實的結果和影響

我們鑑別消息，就在於先思索一下，這一件事實，是否能有方法獲得上述六點的詳細情形。我們可以說，凡是新聞，它的內容，必定脫不了上列的範圍。但在沒有探明這些條件之前，又如何呢？唯一的，就是認識消息的社會性，把這消息發表以後，是否能引起一部分的波動？這又是鑑別上的先決問題了。如果這消息沒有社會性，當然不採訪；如果消息確具有社會性，則我們就要推察一下這事實是否完全可以供給我們所必要探求的問題，假使說是不能，沒有辦法，我們只好捨去或是保留，再說；假使說這事實一方既具有社會性，而又可以供我們的探求，這就可以施用採訪的手續了。

採訪消息，我們根據於消息必具的內容，也可以分作六個段落：

（一）新聞記者必須設法探出所發生的是怎樣的事實。

（二）新聞記者必須進一步探出這事實的關係人。

（三）新聞記者必須探出這事實在什麼時候發生，經過了多少時間。

（四）新聞記者必須明白地探出事實發生在什麼地方。

（五）新聞記者必須探出這件事實所以發生的緣故。

（六）新聞記者必須探出因這事實而產生的結果和影響。

把這六個段落，我們可以簡稱之為六個什麼，或是六個W。就是什麼事？什麼人？什麼時候？什麼地方？什麼緣故？什麼結果和影響？英文字寫起來，就是What?Who?When?Where?Why?How? 新聞記者採訪消息，無論怎樣，不能忽略這六個問題。完全的消息，一定要對於這六個什麼，都有詳細的回答。

然則，新聞記者怎樣去尋求這些答案呢？雖然一件事實，它可以把這六個W，都完全告訴我們；採訪者也明曉得它可以告訴自己，但怎樣去和它接近呢？「不得其門而入」，還是沒有用的。

第一，新聞記者在採訪上，要有目力。沒有目力，就無從鑑別消息。有了目力，只要一件簡單的事實的報告，新聞記者就可以認識這事實的社會性的含質的多少；就可以很周密地佈置他的行徑；就可以用極短的時間，極簡便的方法，探得事實的全部眞相。

第二，新聞記者在採訪上，要善交際。沒有交際的手段，任你有怎樣的目力，也還是探不到消息。假使一個新聞記者長於交際，則他可以有吸收人的力量，他可以使每個事實的關係人都能和自己接近，都能把經過情形，毫不遺漏地忠實地報告出來。

第三，新聞記者在採訪上，要有三覺。所謂三覺，就是聽覺，視覺，和感覺。這三覺不但各自有獨立的效用，而且更有它們聯合的效用。聽覺靈便，有許多尋不出物質材料的消息，可以不致於漏失；視覺靈便，只要一張碎紙，一個字，也逃不了他的眼睛，往往有許多重要消息，是從人們不注意的事物中獲得的；感覺靈便，只要有一個模糊的影象，他就可以立刻感到必然的有什麼事在那一方面發生，而且推測力也就會因之更見其偉大的作用。至於三覺的聯合作用，是在於情形複雜時必要的手段。一個人的聽覺，只能集中在單一方面；別方雖也可以嫌疑，但總有所疏失，這就非靠感覺和視覺不可了。一面聽，一面觀察，更一面運用腦筋，總要使複雜的情形，不致於疏失得過多。

新聞記者的採訪，最根本的條件，就是要做到上述的幾點。否則，顧此失彼，不但時間不經濟，就是消息也不見得會面面之周到，而且自身的精神也有所苦。因此，採訪消息的工作，第一必須能鑑別消息，第二就必須能心靈手活地作各方面的活動，然後方能獲得最精詳的材料。

技術的第二方面，就是新聞材料的整理，就是我們通常的編輯部工作。大概都是關於紙面上的整理。至於把瑣碎的材料製成原稿的那種理整，就不是它的責任而是採訪部或是外交記者的工作了。

這種紙面上的材料整理，可以分作下列的幾個步驟：

第一，原稿的修改。採訪部探得的消息，製成系統的敍述，但他們却不負文字上的責任。他們的敍述，只是照實的記錄。文字要怎樣始能有吸引力？應該怎樣佈局？那一段材料應在前？那一段材料應在後？什麼地方應明敍？什麼地方應暗示？這些都是紙面整理者第一步就須做的事情。社外的來稿，也是如此。

第二，歸類。原稿修改以後，就要依其性質而歸類。新聞的紙面，總不外乎國際，國內，地方以及所在地的社會四大類。雖也有分作政治，軍事，經濟……的，但也總不外社會上的諸種現象。然而，所謂歸類，並不是把同類的新聞納在一起就算的，應該就新聞的效率的大小，排了次序，先後。新聞的效率的大小，是要統了整理者的目光的。有時這一人認爲非常重要的，而在別一人或許認爲沒有多大的價値。在這時候，整理者的眼光、學識就很容易看出來了。

第三，編製標題。這一步工作，是總理其事者所負的。也一定要經過這一個手續，整理方算完畢。爲什麼標題要一個人負責呢？這是很有關係的，因爲同是整理紙面材料的，當不止一人；而就是同時整理某一部分材料的，也不止一人。就是消息，同是一件事實，也有許多種敍述，這敍述當不是本社的記者做的，那末，各人依了各人的目光學識去編纂，結果，說不定同時有二則以上的同類消息，而有相反的言論。爲了統一起見，這標題就得由負總責者担任，一方面可以免去消息的重複；另一方面，可以免去衝突。

上述的三個手續做完，材料的整理工作，就算完竣。但新聞記者怎樣去做呢？原稿修改，怎樣才是適當？怎樣的歸類方是合式？這些問題，必要新聞記者有一種準備而後可。

（一）新聞記者在材料的整理上，要明白事實的性質。

（二）新聞記者在材料的整理上，要明白關係人的地位。

（三）新聞記者在材料的整理上，要明白事實的時間性。

（四）新聞記者在材料的整理上，要明白事實的因果關係。

（五）新聞記者在材料的整理上，要明白事實的地域。

（六）新聞記者在材料的整理上，要明白事實的發生怎樣的影響。

對於第一點，有了透澈的認識，就不致於在歸類的時候，發生無所適從的現象；也就可以斷定這新聞的價值大小。對於第二點，有了透澈的認識，就不會有錯誤的觀察，那一種人應用那一種文辭，是不能不注意的；尤其是一件事實，有了一部分的共同利害關係，這方面的認識就更爲重要。對於第三點有了透澈的認識，就可以作爲取捨或揭載的前後的標準。同樣性質的事實，最近發生的和稍遠時日發生的，其價值就有很大的差別。對於第四點有了透澈的認識，方不致於對事實有所隔膜，我們要是不明白其中的因果，往往會驚奇事實的發生；或者會不信任有這一件事實。現在之所以有這樣的事實，一定有其原因。事實不會憑空發生的。對於第五點有了透澈的認識，也可以作爲新聞價值判斷的根據。同性質的事實，在政治中心地發生的就比不重要的地方發生的價值要大。對於第六點有了透澈的認識，始可以據以推測這新聞未來的另一結果。

關於這方面的知識，有纂理學來專門指導我們。在這裏，只可以作一個概要的說明而已。新聞記者要在纂埋上得着成功，要相運用技術，毫無妨礙，還得具有下列的條件；

（一）要能有深思的功夫。

（二）要有分析的頭腦。

（三）要長於組織的運用。

（四）要有文字的修練。

（五）要有遠大的眼光。

（六）要有決斷的毅力。

新聞技術的第三部分，就是評論。爲什麼評論在新聞上也佔有重要的位置？這一個問題是一般主張新聞事業爲營業本位或消息本位的人所不屑談的。前者是爲了評論，尤其是公正的評論，有時是足以妨礙金錢的利益的。後者直接的原因，就是在於不了解新聞的本義，不了解新聞事業的責任和不了解新聞記者的使命。我們不但要把新聞忠實地報告給讀者；我們還負有指導讀者認識新聞，指導讀者認識這事實的所以然的義務。從另一方面說，沒有評論，對於新聞事業的責任，絕對就不會發生積極的作用，由這二點，我認評論是必要的，而這個評論的製作，也就一定要之歸入技術的範圍以內。

既然，評論也是一種新聞技術，我們就也有研究的必要。

評論者在未作文以前，應該具有下列的幾種觀念：

第一，爲什麼而評論？　評論總是有目的的。而且總是有根據的。例如財政部的通過一個預算案，而其中的數目，是非常可以注目的；但這預算案在國家財政拮据的時候，可以從緩，那末，新聞記者爲了社會經濟狀況和政府的財政支配，就得下很公正的評論。這個評論是根據於財政狀況和這件事舉辦的必要與否而立論，藉以達其保留的目的。所以凡是評論，都必定要『言之有物』。不過，要做到這「言之有物」，就必定先要明白評論的對象是什麼？換句話說，就是爲什麼而評論的問題，先要在腦子裏有一個清楚的認識。評論最怕的是空空洞洞地說了許多理論，而於事實仍無多大關係。就是一篇學理的研究文字，它也有它的實質，何況具有特殊目的，負有非常責任的評論呢？如果不明白爲什麼而評論，就是不着實際；不着實際的文章，决不是評論。

第二，什麼人寫的評論？這就是評論者的地位問題，也就是評論者和讀者的關係問題。新聞記者寫評論，當然應該站在新聞記者的地位。不過，所謂新聞記者的地位，要不是處處留心，就很容易做不到。因為新聞記者的地位，總是超於是非二者之外的；但人是感情的動物，因此就很容易受主觀的催使而離開了第三者的地位加入了是非的爭線中去。這樣，要真理從什麼地方實現呢？評論無非是對是非加以批判而求真理，如果不是站在第三者地位加以冷靜的觀察，是再不會有公正的論斷的。所以，什麼人在寫這評論，是必須認清的。

第三，在這評論中要說的是些什麼？這就是主意，也就是題義。評論要不先主意，雖寫出來，也不見一個中心思想。我們的評論，不單是「破」的，而是「破」與「立」並重的。對於一個問題，我們儘管贊成或反對，最要緊是不要只管敍揚或駁斥，而要寫出自己的意思來。這就是先要我們自己立定所要說的意思，然後方不致於流於肉麻的頌贊，或是意氣式的辯駁。

第四，在什麼地方寫這評論？不論是在什麼地方寫評論，對於地方性總得先有個認識。我們評論國際上的問題，是在什麼地方評論呢？譬如說是在中國。我們評論我們中國的中央政治，是在什麼地方呢？譬說是在上海。我們評論上海一縣的問題，是在城市中或是鄉間，又須加以注意了。雖然新聞事業大都是在城市中，但我們却不能不注意評論的文章中的地方的性質。評論國際問題，在中國應該如何立論。在外國如何立論，是大不相同的；同樣，評論中央政治，在上海這大都會和別的地方也有所不同。至於城市中和鄉間，當然更應有差別了。

第五，寫這評論是在什麼時候？　在什麼時代，就應該說什麼時代的話。所謂在什麼時候寫的評論，就是評論者的時代觀念。如果犯了時代錯誤，不用說，說出來的話不會有人懂；而且有人討厭。新聞記者絕對不應該有這種錯誤。新聞記者的評論，是要人人懂，人人愛讀的，它一定要在每個人的心理上發生作用，纔算盡了評論的能事。所以，新聞記者必須認清自己寫評論的是什麼時候。

第六，怎樣寫這評論？　這就是評論的方法了。應該採用普通的文體呢？還是另外用一種奇筆？應該簡單呢？還是應該詳細？應該直說呢？還是應該婉說？開端應怎麼說？結論又應怎麼說？還是先說大意後說理由呢？還是先述事實後說論斷呢？怎樣說才能免去別人的反駁？怎樣說，才能使我自己的意見格外容易使人明瞭？這些問題，都是我們評論時在方法上應加以注意的。

上述的六點，是我們評論以前，應有的準備。有了這個準備，我們就可以討論如何落筆了。評論文字，本來是用以發表自己的意見，批判別人的主張；或者是對於某一件事實加以是與非，善與惡的論斷的。它總要使讀者承認，無論這承認是同情或反對。

一篇完全的評論，必須做完下列的手續：

第一，命題。　評論若沒有題目，根本就不能成立。一個題目，就要告訴讀者以全篇的大意。換言之，題目就是一篇評論中的中心思想。評論文，在實際上只是一篇對於題目的證明。所以一篇評論文，第一，就要有通常的命題。評論文的命題，應該是什麼形式呢？它不是疑問的，不是希望的，不是命令的，也不是驚嘆的，却是一個需要證明的斷定。在形式上，既是需要證明的斷定；但在性質上又如何呢？它有肯定的和否定的二種，前者是應該怎樣，後者是不應該怎樣。評論文如果就是肯定的命題，則文字就須在這肯定的命題範圍以內，不能使自己的論點有所變更。

第二，證明。有了命題，我們就要找證明來證明這個命題。肯定的命題，證明也就是肯定的；否定的命題，證明也就是否定的。然而，另一方面，證明的方法却不限於這一點。在論理學上，也有所謂簡接證明或是反面的證明。前面所說的，是直接的或是正面的證明。什麼是直接的正面的證明？就是對於自己的主張，找出積極的理由來證明的。什麼是簡接的反面的證明？就是對於一個問題，先證明反對方面的不對，而使自己的立足點格外堅固。

第三，論證的方法。　有了命題，明白了證明，我們就要採取論證的方法。論理學上通常分爲三種：就是演繹法，歸納法，和類推法，這三種方法，也就是論證的基本方法。現在分別說明：

（一）演繹法（Deduction）　用以普遍的原理，作爲前題，而以特殊的眞理作爲斷案的，是謂演繹法。也可以說是基礎建築在範圍較大的命題上面，而論證合義較狹的命題的方法，它的形式，就是我們通常所稱的三段論式。

（二）歸納法（Induction）　以個個特殊的事實爲前題，而以普遍的眞理爲斷案的，是歸納法；也就是反於演繹法的一種論證法。換句話說，它就是集合了部分而論證全體的方法。歸納法有兩個應遵守的條件，就是部分事件的集合，須普遍而沒有反例和有明確的因果關係。

（三）類推法（Hanlogg）以　特殊的事實爲前題，而比附其他的特殊事實作爲斷案的，是類推法。就是根據於已知的事實而推斷相類的事實的方法。類推法也有兩個應遵守的條件，就是所舉的類似點，須爲事物的固有性而不是偶然性和被推的事物須不含有與斷案矛盾的性質。

第四，證據。評論一件事，總要有證據來證明。不過證據有種種方法，最好把各種方法聯合起來運用，則評論的效果就大。證據的方法怎樣呢？

（一）根據於同樣原因必生同樣的結果的假定，以原因證明結果的因果論。

（二）根據和結論相同的事例，引來做證據的例證論。

（三）根據和結論相似的事例，引來做證據的譬喩論。

（四）根據於結果推測原因的符號論。

四種證據聯合起來運用，它的形式是這樣的：先列因果論使讀者預想有像結論的事實；次列譬喩論和例證論，使讀者預想在別時別地所有的事實，或者在此地也會有的觀念；再列符號論，使讀者覺到所預想要在此地發生的事實，果然發生了。這樣聯合的運用，方能使讀者信從自己的意見。

總括上述，評論者對於評論，必定要具有上列的條件。始可佈置周到，而發生評論的效力。評論，我們總要它發生效力；不發生效力的評論，不是我們所需要的。

第六章　新聞的問題

一　新聞與法律

新聞與法律的糾葛，是近代新聞事業中最重要而又最難解決的問題。政府為了維持它的威信，為了保守事務上的秘密，總要設法限制新聞事業。新聞事業為了完成它的責任，就不得不對這種限制加以激烈的反對。新聞與法律相戰，我相信非下一番澈底的研究，是無法解決的。

要解決這兩趨極端的糾葛，我主張從人類思想是否應該自由這一點下手，然後再進而說明新聞事業之記載的自由是否也是應該？我們不找出一個根本的理由，是無論說明究竟那一方面的說法來得對。

我們在現代要想反對思想自由這句話的存在，是絕對不可能的。我們對於歷史上那些壓迫思想自由的手段，絕對地應該認爲罪惡，像英國在一六六二年制定的「公刊物認許條例」，一七一二年的「新聞條例」以及德國一七四九年制定的「新聞檢閱法」……我們都不能承認這種行爲是政府所應有的。並且我們根本反對國家有任何權力來干涉意見的自由發表。我們主張思想應該絕對的自由，所根據的不是抽象的理論，也不是超然於社會而獨立的理由，完完全全，照英國最有名的史學家 J.B Bury 的意見，是從社會的實在的利益上着想的。

古代希臘的大哲學家蘇格拉底告訴了我們自由討論的社會的價值；英國的有名文人彌爾敦告訴了我們思想自由是知識進步所必須的。但是現在的人在反對壓迫的時候，他們不根據這種自由在社會和人類知識的意義的價值上立論，却只說『知識的錯誤，不能稱爲罪惡，所以對於這種錯誤加以懲罰，就失去了公道。』這種空論，想自由討論能和宇宙同存是做不到的。我們要無論怎樣保存思想自由，只有說明它的社會的實利的價值，是最有力的根據。

壓制思想自由的人，照「羣己權界論」(On Libarty)的著者Mill的說法，「他們不會永遠不錯。他們作與會錯，作與對；也作與半錯而半對。」是了，既然壓制思想自由的人，並不是一定都對，那末，如果我們的思想是眞的，而被他們摧殘了，是不是他們剝奪了人類的一件眞理？退一步說，假定大家一致承認是「天經地義」不可動搖的意見，要是不能允許自由討論這個意見，也是和社會的實利相違反。這個天經地義的意見，也許眞是對的，但它的不錯，一定要有合理的確定；這個合理的確定，只有在衆人自由討論以後，而且要證明它的不能動搖方可。最後，Mill還有一個有力的說明，就是在幾種衝突的主張中，而又各含有一部分的眞理中，要是壓迫我們以一方面通俗而不曾經意的眞理去補充通俗所持的眞理，也是違反社會的實利的。Mill的對於自由的意見。在這一册On Liberty書中，可說發揮盡致，他從各方面證明思想自由是有社會的實際利益的價值的，同時他也就是證明那種藉口社會的利益而壓制思想自由的人的行動的錯誤。

我們只要翻閱歷史，就可以看出，在希臘思想自由的時代，知識是怎樣長足的進步着。我們還可以看出，等到那些探求眞理的束縛解除以後，科學藝術又是怎樣的發展？只有壓迫最利害的時候，一切學術就被淹沒在黑暗裏。如果人類需要學術，如果人類需要知識，我們就不能不反對思想自由的壓迫。任是怎樣不合時宜的意見，但這意見是代表當時大家所忽視的東西和所不經心的利益的；也就是要把社會的習俗制度和方法重新適應新環境所必要採取的原則，沒有討論和批評的自由，這就根本上做不到。

思想自由，是有社會的實益的，是知識和道德進步的唯一的條件。所以一切壓制思想自由的，都是反社會實益的，是我們人類的公敵。根據這一個原則，我們再來說明新聞記載上的必須自由，不是沒有理由的了。

新聞事業的責任，在前面我已經說過，它是沒有一點不含有社會的實益的，尤其是知識和道德，它比任什麼制度方法，都含有更多的積極的作用。國家要制限新聞事業，我們實在不能不認爲是反社會的，換句話說，它是反叛了它自己的責任，因爲政府的責任就在於維持社會的實益。

根據於思想自由的原則，我們更積極主張新聞事業是絕不能受國家的任何制限的。

新聞不應有法律的制限，已極爲明白。現在我們就要看一看歷來法律對於新聞限制的實際情形，不必說，這種制限，是沒有漂亮的理由的。英國是世界各國新聞事業發達最早的國家，那「公刊物認許條例，」對於新聞的編輯和發行，加以監督是非常嚴厲的。這時是查爾斯第二王政復古的時候，恐怕新聞紙上的反對的批評，於是就不惜反着人類進化的原則而對新聞事業施以壓迫。這個條例在一六九五年廢除，可是到了一七一二年，又有所謂「新聞條例」的頒佈，實行其印花稅，用紙稅和廣告稅，於是新聞事業的經濟基礎不穩固的，就都只好停止了它們的神聖的工作。到一八五〇年以後，其中經了許多有志者的反對，和「智識稅廢止期成會」的活動，始行廢止，然而到了十八世紀，一七九二年而又制定一種所謂「譏謗律」公佈了。這個譏謗律，在表面上是政府保護新聞事業的，實際怎樣，我們也無須加以什麽說明，其不是保護可知。新聞記者是否有譏謗的行爲，是否會發生這種行爲？我相信只要是了解新聞事業的人，必定會搖首而否認吧！英國政府說新聞紙的訴訟，沒有法律的根據，不如用文規定誹謗的範圍，可免新聞記者時常刑訊。這是笑話！什麽誹謗的範圍，新聞記者只有公正的評論，決沒有所謂誹謗。一七九八年的「新聞紙法」，在其中又明白地表示了當時君主的暴戾和曖昧。

次之，新聞紙出世最早的德國，在一七四九年以防止鄰邦的思想爲理由，而制定了所謂「新聞檢閱法」，實際上却是給了本國內地的新聞事業以極大的壓迫。十九世紀初期，又有改正新聞檢閱法的頒行。雖然名爲改正，實在還是脫不了壓迫的目的。德國對於新聞的限制，還有進一步的手段，那就是特設了一個所謂「高等檢閱局」直接對新聞紙施用一種嚴厲的侵略。在這檢閱局的條例第十七條上，更詳細規定怎樣的政治紀事爲可以揭載，怎樣的爲不可以揭載的界限，並且還要令各家新聞機關，負担檢閱費的責任。一方在事務上加以壓制，另一方面還要在經濟上加以苛求。我們眞不能不說這種辦法的荒謬了。一八四八年在憲法上雖許言論的自由，可是到了一八六一年又要課新聞紙以重稅了。這種情形，都是表示了政府自身的缺點，政府對新聞記者有一種畏懼心。其實，如果是一個眞正顧全社會實益的政府，它可以不怕新聞記者的筆，而且新聞記者有時懾於社會實益的大小還會爲之作正義的鼓吹。只有殘敗的政府，才會壓制新聞的自由。

復次，我們回看東方的日本，這是一個後進的國家。它接受了西洋最近的科學文明，當不會再有什麼壓制思想自由的手段了，事實上却大不然。明治二年有所謂「新聞紙印行條例」；在這條例沒有制定以前，並且還先有什麼開成學校，專門研究各國的新聞法，再來制定這思想束縛的工具。明治六年，又頒行了十八條「新聞紙條目」，其中所有的規定，站在社會實益的立場，實在沒有存在的餘地。明治八年，正當民權思潮澎漲之際，政府為了明白階級的區別和保護貴族官吏的威信起見，在一個月中，竟連連頒佈二種限制律，一是「新聞條例」；另一也就是如同英國在十八世紀頒佈的相差無幾的所謂「讒謗律」。

最後，我們再一看中國的情形如何？在前清時代，我國的新聞事業雖方步萌芽，然而政府也很注意，官員也很畏忌言論，於是也就有所謂「報律。」民國成立，既以人民的福利為政府的責任，則應保持人民的幸福，和允許人民自由發表意見，為不可掩避的事實。可是竟不然，民國三年，有所謂「報紙條例」，其中的規定，很有許多給新聞事業以不便的地方。又有什麼「出版法」，更給新聞事業，以種種極苛的限制，它所認為應取締的，並沒有實際的範圍，只是幾空泛的話，怎樣不葬送這初在發育的花苞呢？在「出版法」之外，還有什麼「戒嚴法」，其規定就更廣泛，老實說一句，差不多什麼話都不能說了。『認爲與時機有妨害者得停止其出版』，新聞總是與時機有關係的；不滿於現政府，就是與時機有妨害，試問，新聞事業將從事些什麼呢？

總而言之，在過去，不論中外政府所規定的法律，它的理由是如何堂皇政大，總脫不了壓迫的性質；總是違反社會實益的。新聞事業是直接伸張正義，維持公道，提高道德的事業，它固然不能「無的放矢」，以主觀爲立論的根據，但在原理上是根本不承受政府的壓迫的。

無論那一個國家，政府對於新聞是採取絕端政策的。不必說是君主立憲的英日，或是民主政體的德法；就是蘇維埃俄羅斯，實行共產主義的國家，對於新聞也還是限制的。我們從思想自由的原則上看，我們從歷來各國對於新聞壓迫的事實上看，都可以看出這種舉動實在是一個國家的自殺政策；實在是社會進化的最大的阻力。要是我們站在新聞記者的地位，這種壓迫當然要運動廢除。不過，我們假使再立在政府方面一看，就也覺到一種困難點於社會，於個人，都有很大的影響。但爲了免除這種影響，却用不着如過去那樣嚴厲的壓制是可以由社會自身的制裁力來限制的。這個不好的影響是什麼呢？在中國尤其是特別顯著，就是藉新聞以揭發個人的陰私。在政府對於這種新聞自應設法使之不發生效力，也可以訂出一種辦法來範圍；但應該在條文上明白地規定，怎樣的紀載是於社會和個人有不良之影響的，決不能含糊其詞，訂幾條大綱就算了；尤不能藉此而給新聞以非常的壓迫。

既然明白了新聞的法律限制，如過去那樣是不應該；又曉得了政府有時也似乎出於不得已，那末，我們一方面，對於新聞記者，不知不要求他們自己注重人格和使命；在另一方面，我們也只好要求政府當局，對於法律的限制，改換一個態度。關於新聞的法律，應否存在，是國家方面的問題；但這種法律的好壞，都是關係新聞事業的發展很大的。在我個人的意見，以爲這種法律應該存在，有兩個理由：

（一）沒有這種特別的法律，新聞事業和新聞記者都沒有保障

（二）沒有這種特別的法律，新聞的本身將因了惡劣環境的影響而失去它的面目。

第一點，要是沒有這種特別規定的法律，則只要一發生與政府有交涉的事情，就有不時引用普通刑律的危險。同時行政機關也可以不致因爲新聞沒有法律的憑依，而加以侵凌。

第二點，新聞事業的組織，種種不同；而新聞記者的人格又高下不等，在這情況之下，高尚的就難免因卑劣的人所影響而不能伸其指導的原意。因爲社會上的趣味，除了少數的知識階級以外，大概只及於那些惡劣的記者製造出來的惡劣的新聞。因此，就必要一種特別的法律來限制不可。

我雖主張新聞的法律應該存在，却不是從前那種以壓迫爲目的的法律應該存在。我所主張的應該存在的法律，是保護的，不是制裁的，要積極的制裁，自有一種社會的力量在。有了保護新聞的法律，則新聞事業和新聞記者就可以不受行政機關的非法的侵凌；也就不會有受司法機關引用普通刑律的危險。只有這樣，輿論的尊嚴，方能爲一般人所認識。只有這樣，新聞的自身方不致掩沒了它神聖的價值。

然則，這種法律究竟是怎樣呢？我在這裏，就依我們中國已故的名記者邵振靑（飄萍）先生在其大著「新聞學總論」中所提出的十點爲根據。提出我們立法上最低限度的要求。

第一，關於新聞機關紀載的消息和評論所發生的案件，只適用新聞法（一種特別法）。

第二，創辦新聞機關，只須呈報備案，不必等待批准，更不必交納保證金。

第三，對新聞記者不得有體刑，不過新聞記者的個人的行爲，不在此限。

第四，不得沒收新聞機關的財產。

第五，罰金不得過二百元。

第六，停止發行不得過一星期。

第七，嚴禁揭發個人的陰私。

第八，對於記者的傳喚，必定用法律上嚴格的手續，不能非法逮捕及羈押。

第九，如果不曾要求更正而不代爲更正的，不能告新聞紙的責任，因更正而就消滅。

第十，對於被雇的記者，須給以生活確切的保障。

雖然，政府所訂的法律，純以保護爲原則，但或者竟因此太過自由的綠故，而發生了什麼弊害，或者竟要使社會實益有什麼不良的影響，那時將怎樣呢？邵先生也在法律以外提出了兩個辦法，一就是前曾說過的社會的制裁；二是同業團體的制裁。

前一說，就是有讀者來抵禦新聞事業的專制的言論，顛倒是非的消息，以及揑造的流言等等。

後一說，就是由新聞記者自己組織團體，謀公共利益的保障。如果有失却人格的記者，濫用其權力，則同業團體就可以加以制裁。

現在，我們可以總括起來說：新聞法律的制定，應以保護新聞事業的發展和保護新聞記者的生活地位爲原則。新聞的制裁，不必由國家執行，而應由社會及新聞記者自己來處理。這樣，既可以沒有如過去那種壓制新聞的法律的出現；也就可以沒有專斷，顛倒是非等等與社會實益相反的危險發生。

二 其他問題

新聞事業的前途，是近來的個大問題。爲了要達了其理想的境地，究竟應該採用什麼方法來經營？關於這個問題，大概可以分爲三說：

第一，新聞事業應以營業爲本位。這是近代新聞事業最發達的國家所竭力盛行的。爲什麼呢？世界新聞事業最發達的國家，是英與美；在這二國中被稱爲有力的新聞事業，如英國的倫敦泰晤士（The London Times）和美國的喬那兒（Newyork Journal），都是資本雄厚而設備方能完全，而在工作上，也要靈便得多。因此，其吸入也豐富，直接就促其本身事業的進步。因此之故，新聞事業的營業本位，就成了近世一般經濟家實業家所公認的法則。一方面既可以獲得利益，另一方面又促事業進步，在效率上是非常有力的一說。但這一說誠然是具有片面理由的主張，可是我們要顧到因此而發生的現象是好是壞？從事於營業本位的新聞事業，第一就要有很大的資本。因了很大的資本而也就要求很大的利益，在無形中，已經走入資本主義的漩渦。這樣的結果，新聞事業就只求利益而不顧本身的責任了。爲了此，我反對新聞事業的營業本位的主張。

第二，新聞事業應歸公有。這一說的主張，是由於前一說而來。他們以爲新聞事業如果歸一種團體來經營，這團體是以公益爲目的的，那末，這事業也就可以在嚴密的監督之下以公益爲目的，而不會有以營利目的的弊害。主張這一說的人，他們舉出很多的好處；如廣告和發行的競爭，可以禁止或限制；新聞記者的地位可因團體之法定的地位而鞏固，並且也可以根據於團體之公益的目的而發揮他最大的權威；並且可以防止新聞事業和政權金權勾結的弊害。不過，我們曉得凡是團體的組織，必定是根據這一羣人的特殊利害和特殊目的；雖在表面上說是爲了社會的公益，但究竟這是不是公益？本身已經成了問題，當然更說不上所經營的新聞事業。所以，這一說，也還是不能成立。

第三，新聞事業應由國家經營。 這就是說，將新聞事業移於國家機關之手，由國家機關來辦理。這一說的主張者，他們雖多方說明並不是要使新聞事業成爲國家的御用機關，不過是要藉以保全言論的自由，記事的翔實，趣味的豐饒以及防止營利的競爭等。他們又說，如果新聞事業由國家來經營，新聞記者也就可以和大學教授司法官等處同等地位，認其思想和職務的獨立；同時也由國家規定服務條例，使新聞記者有明確的責任與義務。但我們要問，新聞事業移入國家機關之手，言論是不是可以自由記事是否可以翔實？一切如這一說的主張者所說是否可以做到？我們不能不發生疑問。新聞事業是代表民衆的，要是移歸國家，豈不是所代表的是國家了麽？新聞事業負有監督政府的責任，這樣，它對政府還能監督麽？只有確定新聞記者和大學教授司法官同等地位這一點，還說得過去；不過，我們就是不得這事業交給國家，難道新聞記者就不能取得那樣的地位麼？此外的理由，更是做不到的。想在國家機關的經營中保全言論的自由……我們不能不說是緣木而求魚，並且，根本，這種主張就是反新聞事業之本質的。因此，我覺得這一說不是新聞事業所應採取的。

那末，以上三說既都沒有充分的理由，我們要新聞事業達其理想的境域，應採用什麼法則來經營呢？在我的主張，只有以社會為本位的一途。

什麼是社會本位？這就是說，新聞事業是一種社會事業，它的目的在使社會向善的進化：在使人民有穩固的自由平等的權利；同時更積極地督促政治的清明。它應該是社會上的大多數分子所經營的事業。所謂股東，所謂社長，都是社會推舉出來代表經營的人，他們本人不應具有什麼特殊目的。然而，在事實上，這些人當然要設法滿足自己的慾望，那又有什麼辦法呢？這就是我前面所要主張提高編輯權的理由。新聞記者不是職員，卻是社會的公人，他的利益不在於一社，而在於全社會；所以他決不會只在於謀一社的發展。但要是不提高他們的權力，則社長就可以任意侵害，而要設法使記者屈服於一己的勢力之下了。所以我主張社會本位的新聞事業，同時也必連帶地主張提高編輯權。我這樣主張沒有特殊目的，只在於新聞事業的本身的意義上發揮，總要使新聞事業能永遠發揮它的效能。

新聞事業如果要達到理想的境域，只有努力做到以社會爲本位的地步。要做到這一步，要使新聞事業不失去它的本來面目，不在於限制社長股東或營業系統，而在於做到提高編輯權，在於一致使新聞記者有一種社會的不成文的法律的保障。

次之，就是新聞記者的保障問題。

我們要新聞事業的改進，最根本還在於要對新聞記者的生活等的保障。現代新聞事業正在資本主義的漩渦中，新聞記者正是一個精神勞働的勞工。經營人對於記者的壓迫，又時常使記者的生活發生動搖的危險，於是在無形中使他的人格被損奪，而無從爲社會盡責。尤其是我們中國，不用說是一社的股東或是社長，對於記者要加以輕視；就是社會，又何嘗不是一樣呢？結果，一般倔強的負責任的記者就都被排斥，而剩下些搖尾乞憐的人格破產者。這樣，要一一發揮新聞事業原來之使命，在事實上就絕對做不到。所以我們必定要先使新聞記者生活等有了保障，而後始可進言其他。

關於新聞記者的生活地位人格安全的保障，近來各國新聞記者自身有了許多組織。我覺得這是唯一的辦法，我們中國也應採取，像英國的新聞記者財團(The NewsPaper Press Fund)，新聞記者協會(The Institute of Journalists)，國民新聞記者同盟(The Notioual Uniornof Jaurnalists)等等。這種組織原和普通勞働團體差不多，不過新聞記者的團體不能單一的只顧到生活，應該更進一步求人格的完全。一定要做到使經營人認識新聞記者的地位人格，而後新聞記者方能做到「社會的公人」的地步。要達到人格地位的安全，必然的，先要做到生活的安全。

邵飄萍先生在他的大著新聞學總論中，對於這一個問題，有幾點很好的意見，我覺得是新聞記者，尤其是中國的新聞記者，必須要努力去達到目的的。

第一，保有職務上精神的自由，不能視爲機械的，或如其他被雇的使用人員。

第二，非有自身不稱職或者是道德上的缺憾，不能以感情愛惜藉口換撤。至於像年限契約等，也應該有一定的辦法。

第三，對於失業的新聞記者應有所救濟。並且要規定少年記者（Junior Prossefessional）和老年記者（Senior Prossefesional）每星期給費的最低額。第四，調查關於新聞事業的法規慣例，爲了要達到新聞記者圓滿的行使職務，努力於立法上的修正。

第五，設立新聞記者公共的圖書館和集會的建築物。

第六，根據於國民保險條例，營新聞記者的儲蓄保險事業。

第七，依一切合法的手段，圖新聞記者地位的增高和意志的團結。

新聞記者得着了保障，不論是生活，是地位，是人格，其中有着連帶的關係。這三者更和新聞事業有着不可分性。我們爲了發展新聞事業，就不能不謀新聞記者的保障。沒有新聞記者，是一切都可以不必談起的，什麽新聞價値，新聞效率，以及新聞技術等等，都要因記者的存在而使發生作用。新聞事業就更不必說了。

第三個問題，就是怎樣去求新聞學的發展與完成。

什麽是新聞學，新聞學所要研究的一切，在前面各章各節中，已經作了一個概略的敍述。但是新聞學是新成立的一種科學，它本身還沒有組織到最完全的境界。我們從事於新聞學之研究和新聞記者職務的人，對於新聞學的發展和完成，實在負有很大的使命。新聞學之能否更在科學上建築不可動搖的基礎，全在於學者的努力。

爲促進新聞學的完成，我敢提出下列的辦法。

第一，由有志於這一門學問的人，組織新聞學會，共同研究。一方面作學理的闡明；另一方面更求實際的經驗。把研究的結果，在社會上發表出來，既可以使社會了解新聞學在科學上和社會上應有的地位，又可以使後學者得到最進步的知識。這樣不間斷地努力下去，我可以預料光輝燦爛的時期，就在不遠的將來。

第二，在大學中設立專科，以教授後學者。不但要教授理論，而更要指導實際的方法。我們曉得新聞學是必要靠了實用始可發生作用的，所以必須地要繼續地造就出深通新聞學原理的新聞記者，而後，新聞學方是真正的完成。爲什麽一定要在大學中設專科，爲什麽中學就不能教授呢？這就完全根據於必要的高等常識了。中學只能教授一些普通生活的常識，還不能使學者有了解高深學術能力。新聞記者不但要有常識，而且要是高等的方可，這就非大學不行。而且新聞學的研究，要靠了別種科學的同等的學力，這一步功夫，只有大學方做得到。因此，我們將來負有完成新聞學完成的責任的新聞記者，一定是要受過大學教育的人。

第三，由政府撥費派遣學者赴各國考察新聞事業的狀況，以見新聞學在那一面是健全或是不健全而有所改進。我覺得一種科學的發展與完成，政府是必須要加以助力的，不然，在財力以及大規模的製作上，都不能有很大的基礎。所以我希望政府能和學者合作，共同求其進步。

新聞學是比任何科學都要複雜的學問，因爲別種科學，大概都是單一的作用，而新聞學就不然，它是以整個社會爲對象的，有時，它更必須有對自然的認識，如地理等，實在說起來，它是包括社會科學和自然科學的。而且新聞記者在運用上，就是物理化學的知識也必須具備。所以，我們敢斷定，新聞學的完成自比各種科學要難；但我們不能因爲它的艱難就放棄不做，我們更要加工地努力，總要希望在極短的期間求其有光榮的發揮，何況我們的許多前輩，已經爲我們做了許多可貴的成績呢？

新聞學的發展和完成，是在研究者的兩肩上；我以此希望於新聞學者們趕快做這研究工作，這是於社會於人類有着莫大關係的一種科學啊！

图书在版编目（CIP）数据

基础新闻学 / 李公凡著. —北京：中国传媒大学出版社，2018.3
（中国近代新闻学名著系列丛书 / 芮必峰主编）
ISBN 978-7-5657-2284-4

Ⅰ. ①基…　Ⅱ. ①李…　Ⅲ. ①新闻学　Ⅳ. ① G210

中国版本图书馆 CIP 数据核字（2018）第 053539 号

中国近代新闻学名著系列丛书
芮必峰　主编
基础新闻学
JICHU XINWENXUE

著　　者　李公凡
策划编辑　司马兰　姜颖昳
责任编辑　姜颖昳
封面设计　拓美设计
责任印制　曹　辉

出版发行　中国传媒大学出版社
社　　址　北京市朝阳区定福庄东街 1 号　　邮编：100024
电　　话　86-10-65450532 或 65450528　　传真：010-65779405
网　　址　http://www.cucp.com.cn
经　　销　全国新华书店

印　　刷　北京华联印刷有限公司
开　　本　787mm × 1092mm　1/16
印　　张　15
字　　数　120 千字
版　　次　2018 年 6 月第 1 版　　2018 年 6 月第 1 次印刷

书　　号　ISBN 978-7-5657-2284-4/G · 2284　　**定　　价**　78.00 元